かっこいい小学生になろう

Z会グレードアップ問題集

改訂版

小学5年

国語

JN097895

はじめに

Z会は「考える力」を大切にします

『Z会グレードアップ問題集』は、教科書レベルの問題集では物足りないと感じている方・難しい問題にチャレンジしたい方を対象とした問題集です。当該学年での学習事項をふまえて、発展的・応用的な問題を中心に、一冊の問題集をやりとげる達成感が得られるよう内容を厳選しています。少ない問題で最大の効果を発揮できるように、通信教育における長年の経験をもとに〝良問〟をセレクトしました。単純な反復練習ではなく、一つ一つの問題にじっくりと取り組んでいただくことで、本当の意味での「考える力」を育みます。

中学以降の国語にもつながる総合的な力を

国語は、すべての学習の基礎となる教科です。そして、学習だけでなく、生活すべての土台となると言ってもよいでしょう。しかし、国語の力は、母語とはいえ、自然と身につくものではありません。しっかりとした読解力や言葉の力は、訓練することで磨かれます。

そこで、本書では、物語・説明文・詩歌・随筆などの多様な文章を用いて、厳選した読解問題に取り組みます。また、品詞・文の組み立てといった国文法の基礎を学び、慣用句・ことわざ・熟語などの練習問題に取り組むことにより、表現力・語彙力の養成を図ります。読解と文法をバランスよく学ぶことで、総合的な国語の力を身につけることができます。

国語の学習を継続させるためには、「国語は楽しい」と思えることが不可欠です。問題に取り組むうちに、お子さまが「自ら学ぶ力」を開花させることを願ってやみません。

この本の使い方

1 この本は全部で40回あります。第1回から順番に、1回分ずつ取り組みましょう。

2 1回分が終わったら、別冊《べっさつ》の『解答《かいとう》・解説』を見て、自分で丸をつけましょう。

3 まちがえた問題があったら、『解答・解説』の「考え方」を読んでしっかり復習《ふくしゅう》しておきましょう。

4 知っていたらかっこいい！ これができるとかっこいい！でしょうかいしていることは、大事なことなので覚えておきましょう。

5 マークがついた問題は、発展的《はってんてき》な内容《ないよう》をふくんでいます。解《と》くことができたら、自信をもってよいでしょう。

ミルマリ

《問題を解くときの注意》

- 字数が決められているときは、字数を守って答えましょう。
- 「書きぬきなさい」とあるときは、問題文にある言葉をそのまま書き写しましょう。
- 「文中の言葉を用いて書きなさい」とあるときは、問題文にある言葉を使って、自分の言葉でまとめましょう。

いっしょにむずかしい問題にちょうせんしよう！
イーマル

保護者の方へ

本書は、問題に取り組んだあと、お子さま自身で答え合わせをしていただく構成になっております。学習のあとは別冊の『解答・解説』を見て答え合わせをするよう、お子さまに声をかけてあげてください。

目次

1 段落《だんらく》の関係を理解《りかい》する

今回は、段落の関係について学習します。

文章は読む人がわかりやすいように、内容《ないよう》によっていくつかのまとまりに分かれています。一度に文章全部を理解しようとすると大変ですが、一つ一つのまとまり（＝段落）ごとに内容を読み取っていくと、全体の内容がわかるようにできています。

●段落のとらえ方

(1)形式段落…文章中の小さな内容のまとまり。
　　一字分下げて書き始められている。

(2)意味段落…形式段落を話題ごとにまとめたもの。
　　いくつかの形式段落からできている。

では、段落にはどんなはたらきがあるのかを確認《かくにん》しましょう。

〈段落のはたらき〉

(1)話題を示《しめ》す。
(2)それまでの内容をまとめる。
(3)具体例を挙げる。＝「たとえば」などで始まることが多い。
(4)理由を説明する。＝「なぜなら」などで始まることが多い。
(5)反対の内容を述《の》べる。＝「しかし」などで始まることが多い。
(6)同じ内容を別の言い方で説明する。

説明文のポイント

学習日　月　日

1 今世界には紛争《ふんそう》の起きている地域《ちいき》がいくつもあります。部族同士《どうし》の対立であったり、政府《せいふ》とそれに対抗《たいこう》する勢力《せいりょく》との争いであったり、事情《じじょう》はさまざまですが、一般《いっぱん》市民がまきこまれることも多く、一刻《いっこく》も早い解決《かいけつ》が望まれるのが現状《げんじょう》です。

2 わたしたちはこれを遠くからながめています。

3 しかし、これは他人事《ひとごと》なのでしょうか。わたしたちは石油をはじめとするさまざまなものを海外から輸入《ゆにゅう》していますが、それらが争いのための武器《ぶき》を買う資金源《しきんげん》となるケースもあるのです。

4 外国のことは知らないという他人事としてとらえるのではなく、まずは自分との関係を考えてみませんか。

この文章では、1 2で紛争が起きていることとそれに対するわたしたちの態度《たいど》、3でそれらと反対の関係にある筆者の考え、4で全体のまとめとなる主張《しゅちょう》を述べています。

段落の関係を理解すると、自分で文章を意味段落に分けられるね。それができたら、文章全体が伝えようとしていることもつかみやすくなるよ。

例題　次の文章を読んで、あとの問いに答えなさい。

[1]「みっともない」と言われたら、人はどう思うか。

[2]「みっともない」は「見苦しい・体裁《ていさい》が悪い」といった意味であるから、たとえば自分が転んだときなどに言われたら、ひどくいやな気持ちがするだろう。基本《きほん》的にこれは相手をけなす言葉である。

[3]しかし、いつもは仕事に厳《きび》しい社長が自宅《じたく》でおさない孫を相手ににこにこしている時、奥様《おくさま》が「あらあら、いつもはしかめっつらの社長さんが、なんてみっともないお顔かしら。」と言ったとしたらどうだろう。社長はおこるだろうか。

[4]奥様は社長の孫をみつめる優《やさ》しい様子と、日ごろの厳しい様子との落差を親しみをこめて「みっともない」と表現《ひょうげん》しており、言われた方の社長も孫をいとしく思う感情《かんじょう》で心がいっぱいであり、「みっともない」と言われて不愉快《ふゆかい》に思うことはないだろう。

[5]ここに言葉というものの本質《ほんしつ》がある。言葉の意味は使われる場面によって、受け取られ方が変わることもあるのだ。

[6]また、場面と同時に会話する両者の関係によっても変わってくる。同じ場面だとしても、家族である奥様ではなく、部下が「みっともない」と言えば、聞こえ方はちがうはずだ。

[7]言葉は生き物だ。本来の意味を十分理解したうえで、場面、相手との関係に注意して使いたいものである。

1 問題文を二つに分けた場合、後半はどこから始まりますか。後半の始まりの段落番号を書きなさい。

（　　　）

2 [5]段落はどのようなはたらきをしていますか。次の中から一つ選び、記号を○で囲《かこ》みなさい。

ア　話題を示すはたらき。
イ　反対の内容を挙げて説明するはたらき。
ウ　具体的な内容をまとめるはたらき。
エ　理由を説明するはたらき。

これができるとかっこいい！

筆者の最も伝えたいことがどの段落にあるかをさがそう！　社長の具体例（エピソード）からどんなことがわかるかを考えてみるといいよ！

2 段落《だんらく》の関係を理解《りかい》する ①

説明文

学習日　月　日

得点　／100点

次の文章を読んで、あとの問いに答えなさい。

【問題文の前の部分で、一般《いっぱん》の人たちは「科学」に対してきょりを感じ、科学技術《ぎじゅつ》を十分に理解しようとせず「買う」という行動のみで技術を受け入れているという説明がされている。】

1 一般に、「わからない」ことの原因《げんいん》のひとつに、分野がとても細かく分かれて、専門性《せんもんせい》が高くなっているということがあります。

2 複雑《ふくざつ》で専門性の高い技術が生み出された結果、エネルギー、*動力機関、通信、食料生産や医療《いりょう》、衣服、娯楽《ごらく》やスポーツまで、わたしたちの生活のあらゆる部分を科学技術が支《ささ》えています。

3 技術、そして科学技術は、その時代に生きている人々によって求められ発展《はってん》してきたものであるはずですから、わたしたちはそれらの科学技術を使う主人公です。しかし、はたして①わたしたちの科学技術に対する理解は、科学の発展とともに進んでいるでしょうか……？

4 （ A ）、あなたの周りで、「科学はむずかしいから」と決めつけて、苦手だと思っている人はいませんか。あなた自身はどうでしょう。科学的理論《りろん》と実用化のレベルが複雑で高度なために、ひとにぎりの人たちにしかわからないむずかし

---

1 ——①とありますが、筆者はどのように考えていますか。文中の言葉を用いて書きなさい。（20点）

［　　　　　　　　　　］

2 （ A ）にあてはまる言葉を次の中から一つ選び、記号を○で囲《かこ》みなさい。（20点）

ア さて　**イ** たとえば　**ウ** けれども　**エ** あるいは

3 ——②について、「マニュアル」を使うことの影響《えいきょう》として筆者があげたものを次の中から一つ選び、記号を○で囲みなさい。（20点）

ア 科学技術をひとにぎりの人たちにしかわからないむずかしいものにしてしまう。

イ 供給する側から示された技術の「良い部分」しか見えなくしてしまう。

ウ 使用する科学技術の背景やしくみをわかりやすく伝え、使用できるようになる。

いものになってしまっているのは事実です。

5 専門家や技術者が作り出したものを、②*マニュアルのとおりに使うことさえできれば、そのしくみなどを知る必要はない、という人もいるかもしれません。しかし、そのような使い方では、供給《きょうきゅう》する側から示《しめ》された技術の「良い部分」しか見えません。科学技術を提供《ていきょう》する側からは「良い部分」しか聞かれないのだとしたら……。それらを使う主人公であるわたしたちは、あたえられる情報《じょうほう》だけではなく、科学的背景《はいけい》やしくみを少しでも知ったうえで、生活の中に取り入れるか、取り入れないのかを判断《はんだん》することが必要です。

6 良いこと（ベネフィット）も悪いこと（リスク）も考えながら科学技術とつきあっていく、その第一歩は、「知ること」です。生活の中にある科学技術。毎日使うならなおのこと、その技術が持っている能力《のうりょく》や背景を意識《いしき》し知ることに対して積極的にトライしてみませんか。

佐倉統《さくらおさむ》・古田《ふるた》ゆかり
『おはようからおやすみまでの科学』（筑摩書房刊《ちくましょぼうかん》）

*動力機関＝エネルギーを生み出す装置《そうち》のこと。
*マニュアル＝取《と》り扱《あつか》い説明書。

エ わたしたちの生活のあらゆる部分を科学技術が支えていることを意識させる。

4 筆者が最も伝えたいことを述《の》べているのはどの段落ですか。番号を書きなさい。（20点）

〔　　〕

5 文章の内容《ないよう》として正しいものを次の中から一つ選び、記号を○で囲みなさい。（20点）

ア 現代《げんだい》ほど専門性が高度で細分化していなかった時代には、科学技術は人々によって理解されながら発展していた。

イ 科学技術の良いことも悪いことも知っておかなければ、科学の発展に取り残されてしまうことになる。

ウ 科学的理論と実用化のレベルが複雑で高度なものとなり、専門性も増《ま》したため、一般の人が科学をさけるのは当然だ。

エ 自分の周りにある科学技術のしくみを知ったうえで、それを自分のくらしに取り入れるかどうかを判断するべきだ。

3 段落《だんらく》の関係を理解《りかい》する ②

説明文　漢字の学習

学習日　月　日
得点　／100点

次の文章を読んで、あとの問いに答えなさい。

【次の文章は、なぜ学校に行くのか、なぜ社会に教育が必要なのかについて、筆者の考えを述《の》べたものです。】

1 いまは、教育も学校もあたりまえのことになり、だれもそれをありがたがりません。しかしたとえば、近代のはじめには、教育と学問は、多くの人にとって大きな希望と可能性《かのうせい》の通路でした。福沢諭吉《ふくざわゆきち》は「教育はすなわち人に＊独立自尊《どくりつじそん》のみちを教える」と言いました。哲学者《てつがくしゃ》のカントも、「人から教育の結果を取りのぞけば何物も残らない」と言っています。

2 学校にはいろんな問題がありますが、その前にひとまず、社会にとって教育というものの存在《そんざい》理由を考えておくことはむだなことではありません。

3 ひとことで言って、「教育」は近代社会のもっとも重要な柱です。そして、そのいちばん大事な機能は、人々を、それまで属《ぞく》していた共同体から解《と》き放《はな》って、一般《いっぱん》市民という自由な競争のフェアなスタートラインにつかせることにあるのです。

4 近代社会以前の「共同体社会」では、子どもが親からあたえられるルールや規範《きはん》は、強力、かつ絶対的《ぜったいてき》なものでした。そこで子どもは、生育して再《ふたた》び父親や母親のような存在になる以外には、共同体の中で生きてゆく道を全くもたなかっ

---

1 2段落のはたらきを説明したものを次の中から一つ選び、記号を○で囲《かこ》みなさい。（20点）

ア 筆者の主張《しゅちょう》を論《ろん》の冒頭《ぼうとう》で明示《めいじ》している。
イ 典型的《てんけいてき》な反論を想定している。
ウ 論の中心となる話題を提示《ていじ》している。
エ それまでの内容《ないよう》をまとめている。

2 3段落と同じ内容を述べている段落を、これよりうしろから一つさがし、段落の番号を書きなさい。（10点）

（　　）

3 ——①について、「共同体社会」では子どもたちはどのような運命にありましたか。それを具体的に説明した一文をこれより前からさがし、最初の七字をぬき出して書きなさい。（20点）

た。だから、規範やルールは絶対的なものであり、①受けいれるほかないものでした。

5 しかし、近代社会では子どもは「学校」に行きます。学校ではどういうことが行われるのか。まず大事なのは、近代社会の学校では、さまざまな階層《かいそう》の子どもたちが集まり、そこで、その出自《しゅつじ》や背景《はいけい》は消されて、名前だけでよびあい、同じ教科を勉強して競《きそ》いあう、ということです。学校ではいろんなことを教えます。数学や社会や国語といった教科は、社会についての全般的な知識《ちしき》です。そこでは、子どもの階層や出身や宗教《しゅうきょう》やその他といったことはたいしたことでなくなり、「アイツは村ハズレから来ているが算数はスゴイぞ」とか「コイツはビンボーだけど走りはたいしたもんだ」とかいうことが起こる。

6 要するに、はじめて人間は共同体の属性からいったんはなれて、単に〝何のなにがしという名前の人間〟として、さまざまな能力を競いあう。そこで、一般社会ではなかなか起こらない、②人間の平準化《へいじゅんか》ということが起こるのです。そして、それがなにより大事な点です。

7 近代社会の学校は、人間を「平均化《へいきんか》」してよくない、という意見があります。が、とうてい思慮深《しりょぶか》い考えとはいえません。近代以前の社会は、基本的《きほんてき》に身分社会、秩序《ちつじょ》社会、共同体社会です。農民の子は農民に、商人の子は商人に、武士《ぶし》の子は武士に、貴族《きぞく》の子は貴族になる。しかし、近代社会では、いろんな階層の子どもを「学校」に集め、その背後関係を消

---

4 ——②について、「人間の平準化」とはどういうことですか。三十五字以内で書きなさい。（20点）

5 ——③について、これは人間がどうなることですか。次の中から一つ選び、記号を○で囲みなさい。（10点）

ア 自分の立場からしか物事を考えたり判断《はんだん》したりできなくなり、世の中の多様性について配慮できなくなること。

イ 自分の意見に反対されることをふゆかいに感じ、その内容が正しいのかどうかを考えられなくなること。

ウ 発言の内容そのものではなく、それを言っている人の身分や学歴《がくれき》などを重視するようになること。

エ 一度こうと思ったら、まちがいに気づいても改めることができなくなってしまうこと。

次のページに続きます。

して、同じ教科で競わせる。これが平準化ということで、要するに、子どもたちが社会に出ていくのに必要な諸《しょ》知識を学ばせながら、自由な競争のスタートラインをできるだけ平均化するということなのです。

8 もう一つ大事なことは、人間は学校に行ってはじめて、さまざまな階層、さまざまな出自の人間に出会い、自分とは生活の条件《じょうけん》を異《こと》にした異質《いしつ》な人間たちと関係を結ぶということです。③同じ種類の人間どうしでつき合っている度合いが高いほど、人間は視野《しや》がせまくなり、*偏狭《へんきょう》になりがちです。

9 多様な人間と関係をもちながら、それでも人間というのはけっこうみな同じものなんだという無意識の感覚を育てること、このことが、人が他者を自由な存在としてみとめるための、最も自然な*苗床《なえどこ》なのです。

竹田《たけだ》青嗣《せいじ》『愚《おろ》か者《もの》の哲学』（主婦《しゅふ》の友社《ともしゃ》刊）

*独立自尊＝自立しており、自分の尊厳《そんげん》を守っている。
*偏狭＝かたよった考えであること。
*苗床＝「苗床」は植物の苗を育てる所。ここでは人を育てるための場所、という意味。

6 学校に行く理由を筆者はどういうことだと考えていますか。あてはまるものを次の中からすべて選び、記号を○で囲みなさい。（20点）

ア 子どもたちを出自や階層から解放して、自由な競争を可能にすること。

イ 自分とは生活条件の異なる人間と関係をもち、人間はみな同じであるという意識を育てること。

ウ 同じ教科を勉強して競いあい、一般社会に出たのちの競争に慣《な》れておくこと。

エ 共同体の中で生きていくための規範やルールを身につけることができること。

練習しよう

□には漢字を、（　）には送りがなを書きなさい。

1 □□《ぼうはん》ブザーをおす。

2 人口が□□《げんしょう》する。

3 失敗の□□《げんいん》を調べる。

4 自分で□□《はんだん》する。

5 病院で□□《けんさ》を受ける。

6 同じ道を何度も□□《おうふく》する。

7 薬の□□《こうか》が現れた。

8 ヨーロッパの国と□□《ぼうえき》する。

9 □□《かこ》のできごとをふり返る。

10 列車の□□《じこ》でおくれる。

11 重さを□（　）《くらべる》。

12 □（　）《こころよい》風がふく。

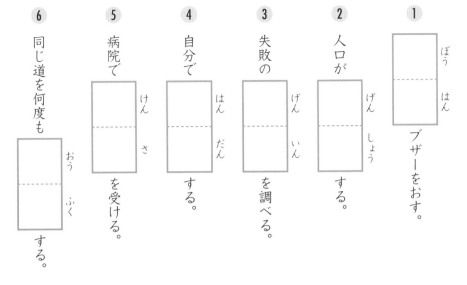

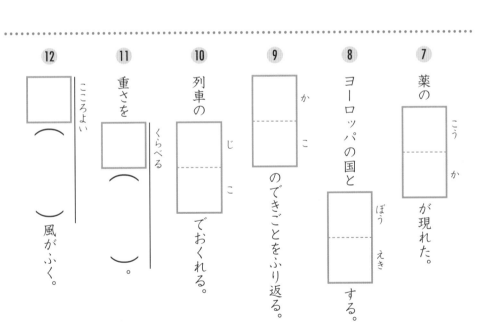

4 文の組み立て ①

言葉のきまり

学習日　月　日　得点　／100点

ポイント

文の組み立てには、次の三つの種類があります。

・**単文**《たんぶん》……主語と述語《じゅつご》の関係が一組みだけの文。

《例》星が【主語】　きらきらと　かがやく。【述語】

・**重文**《じゅうぶん》……主語と述語の関係が二組み以上あり、それらが対等にならんでいる文。

《例》わたしは【主語】　本を　読み、【述語】弟は【主語】　テレビを　見る。【述語】

・**複文**《ふくぶん》……主語と述語の関係が二組み以上あり、それらが意味のうえで深いつながりをもっている文。

《例》自転車が【主語】　こわれたが、【述語】　ぼくは【主語】　自分で　直した。【述語】

《例》ここは、【主語】　わたしが【主語】　春から　通う【述語】　中学校だ。【述語】

---

1 次の文の主語にあたる言葉を□に書きなさい。（各5点）

1 ぼくの家のげんかんに、つばめが巣を作った。

2 小さな妹でも、これくらいの問題はすぐに解《と》ける。

3 明日にはきっとさくだろう、美しい花が。

4 二人だけのひみつの場所を、ぼくにだまって他の人に教えるのはおかしい。

2 次の1〜3の文は複文です。それぞれの主語と述語の組み合わせを記号で書きなさい。(主語・述語が両方できて各6点)

《例》 ア父は イ日が ウのぼる エ前に オ家を カ出る。

(主語)ア (述語)カ/(主語)イ (述語)ウ

1 アわたしは、イ雨の ウふる エ休日に オ自分の カ部屋で キのんびり ク読書する。

主語( ) 述語( )

主語( ) 述語( )

2 ア近所の イ公園は ウ見事な エ桜《さくら》が オさく カ時期に キ大変 クにぎわう。

主語( ) 述語( )

主語( ) 述語( )

3 アぼくの イ住む ウ町は エ毎年 オ旅行者が カ多く キおとずれる ク観光地だ。

主語( ) 述語( )

主語( ) 述語( )

主語( ) 述語( )

3 次の文の組み立てと同じ種類のものをあとのア〜ウの中から一つずつ選び、( )に記号を書きなさい。(各6点)

1 馬は大地をかけ回り、鳥は空に飛び立った。( )

2 母が出かけたため、父が夕飯を作る。( )

3 京都の古い町なみは、とても美しい。( )

ア この小説は、ぼくが読んだ本の中で一番おもしろい。

イ 緑黄色野菜《りょくおうしょくやさい》は体の調子を整え、米は力のもととなる。

ウ 地球は、八つの星の中で太陽から三番目に近い星だ。

4 次の文の主語と述語が正しく対応《たいおう》するように、——の部分を書き直しなさい。(各10点)

1 わたしの日課は、毎朝あさがおに水をやっています。

2 ぼくは友人の夢《ゆめ》を聞いて、かれの考えはすばらしいです。

5 文の組み立て ②

言葉のきまり

学習日　月　日　得点　／100点

ポイント

●修飾語《しゅうしょくご》と被修飾語《ひしゅうしょくご》

・**修飾語**……ある言葉について、その内容《ないよう》をくわしく説明する言葉。

・**被修飾語**……修飾語により、くわしく説明される言葉。

●修飾語の種類

修飾語は、次の二つに分けられます。

・**連体修飾語**……体言を修飾するもの。

体言＝物やことがらの名前を表す言葉（名詞《めいし》・代名詞）のこと。

・**連用修飾語**……用言を修飾するもの。

用言＝動きを表す言葉（動詞）、様子を表す言葉（形容詞・形容動詞）のこと。

《例》　美しい【連体修飾語】→花が【被修飾語】【主語】　たくさん【連用修飾語】→さく。【被修飾語】【述語】

右の例では、被修飾語であると同時に、体言は「が」をともなって主語に、用言は述語になっています。

1 次の文の［　］の言葉（修飾語）は、どの部分をくわしくしていますか。（　）に記号を書きなさい。（各6点）

(1) アぼくの　イ兄は、　自然を　ウ保護《ほご》する　エ活動に　オ積極的に　カ参加した。（　）

(2) とつぜん　ア大つぶの　イ雨が　ウふり始めたので、　エぼくは　オ走って　カ家に　キ帰った。（　）

(3) ア日本では、　ひなまつりに　イ女子の　ウすこやかな　エ成長を　オ願って　カ人形を　キかざる。（　）

(4) 夏休みに　アみんなで　イ協力して　ウ行《おこな》った　エ演劇《えんげき》発表会の　オ練習は、　カぼくらの　キかけがえのない　ク思い出だ。（　）

(5) アわたしたちは、　イ地球に　存在《そんざい》する　ウ多くの　エ問題に　オ対して　カ真けんに　キ考える　ク必要が　ケある。（　）

2 次の――の部分が修飾する言葉を□に書きなさい。（8点）

・家に帰ってきたわたしは、さっそく明日提出《ていしゅつ》する課題に取りかかった。

□

3 次の文の――の部分は、**ア**連体修飾語・**イ**連用修飾語のどちらですか。（　）に記号を書きなさい。（各7点）

1 これは、画家の父が学生時代に書いた作品だ。（　）

2 雑誌《ざっし》にのっていた駅前の新しい店で服を買おう。（　）

4 次の文の――の部分を修飾する言葉を、それぞれあとの（　）の中から一つずつ選び、□に書きなさい。（各7点）

1 わたしは□問題を解《と》いた。

（すばやく　一生けん命　むずかしい　全部）

2 わたしは□写真を見せた。

（一枚《まい》の　友人に　大切な　なつかしい）

5 次の文の▒の部分をくわしくする言葉（修飾語）をすべて選び、（　）に記号を書きなさい。（すべてできて各8点）

1 **ア**旅館の **イ**庭から **ウ**うぐいすの **エ**美しい 鳴き声が **オ**聞こえる。（　）

2 **ア**祖父《そふ》は **イ**読み終えた **ウ**本を **エ**ゆっくりと とじ、**オ**静かに **カ**席を **キ**立った。（　）

3 **ア**ぼくは **イ**今日、**ウ**来月 **エ**発売される **オ**新商品を、**カ**電話で 予約した。（　）

6 次の（　）の指示《しじ》にしたがい、あとの文を適切《てきせつ》な語順に書き直しなさい。（10点）

（「急いでいるのはわたし」という意味になるように）

・わたしは急いで買い物に出かけた母に電話した。

□

6 文の組み立て ③

言葉のきまり

学習日　月　日　得点　／100点

1 次の文の□にあう接続語《せつぞくご》を、あとの[ ]の中から一つずつ選んで書きなさい。なお、同じ言葉は二回使えません。（各4点）

1 商品を注文した。□、まだとどかない。

2 この機能《きのう》は必要ですか。□、不要ですか。

3 今日は暑いですね。□、上映中《じょうえいちゅう》の映画のチケットが二枚あるのですが、よろしければどうぞ。

4 食料自給率《じきゅうりつ》の低さは問題である。□、今後も安定して食料が輸入《ゆにゅう》できるとは限《かぎ》らないからだ。

5 今日は予定がある。□、別の日にしよう。

6 くじを引いたら当たった。□、特賞《とくしょう》だ。

ところで　しかし　しかも
それとも　だから　なぜなら

2 接続語を使って、1・2は二つの文に、3は一つの文に書き直しなさい。（各10点）

1 この本はむずかしい言葉が多く、辞書がないとわからない。

□

2 アライグマによる農作物の被害《ひがい》は増加《ぞうか》しており、近年は人に危害《きがい》を加えることもあるようだ。

□

3 私たちは情報《じょうほう》に囲《かこ》まれている。でも、すべてが正しいとは限らない。よって、自分自身で情報を見きわめる必要がある。

□

3 次の文の□にあう文をあとの**ア**～**エ**から一つずつ選び、（　）に記号を書きなさい。なお、同じ記号は二回使えません。（各4点）

1 今後科学が進歩すれば、□。（　　）

2 今後科学が進歩しても、□。（　　）

3 科学が進歩したので、□。（　　）

4 科学が進歩したのに、□。（　　）

ア このなぞは解明《かいめい》されないだろう。

イ いまだにこのなぞは解明されていない。

ウ このなぞは解明されるだろう。

エ ついにこのなぞは解明された。

4 次の文の□にあう接続語を考えて書きなさい。（各6点）

この店の料理はどれもおいしい。1□、ねだんも安い。2□、人気があるのもうなずける。

5 次の文の——の接続語と同じ種類の接続語をあとの**A群**《ぐん》の中から、またその種類を**B群**の中からそれぞれ一つずつ選び、（　）に記号を書きなさい。（**A**・**B**の両方できて各6点）

1 日本には納税《のうぜい》の義務《ぎむ》がある。<u>つまり</u>、国の財政《ざいせい》を支《ささ》えるため、国民が税金を納《おさ》めなくてはならないということだ。

A（　　）　B（　　）

2 今夜は十五夜だ。<u>だが</u>、残念なことに雨がふっており、満月は雲にかくれている。

A（　　）　B（　　）

3 この植物は寒さにとても弱い。<u>それゆえ</u>、北海道《ほっかいどう》や東北地方などの寒冷地で育てるには、十分な防寒対策《ぼうかんたいさく》が必要である。

A（　　）　B（　　）

A群
［**ア** そのうえ　**イ** すなわち　**ウ** あるいは
エ したがって　**オ** ところが　**カ** さて］

B群
［あ 順接《じゅんせつ》　い 逆接《ぎゃくせつ》　う 説明・補足《ほそく》
え 対比《たいひ》・選択《せんたく》　お 転換《てんかん》　か 累加《るいか》（添加《てんか》）］

7 気持ちの変化を読み取る

物語のポイント

学習日　月　日

今回のテーマは物語における「気持ちの変化」です。登場人物たちの移《うつ》り変《か》わる気持ちを読み取れるようになりましょう。

●場面ごとの気持ちを読み取る

まずは場面ごとの気持ちを読み取る方法を確認《かくにん》しましょう。「うれしかった」「悲しかった」などの直接的《ちょくせつてき》な表現《ひょうげん》がない場合でも、次のようなことに着目すれば、その場面ごとの登場人物の気持ちを読み取ることができます。

> (1) **行動・表情《ひょうじょう》**
> 《例》：部屋のドアを乱暴《らんぼう》にしめた→**いかり・不満**
> 顔をくしゃくしゃにして笑った→**喜《よろこ》び**
>
> (2) **発言・口調**
> 《例》：「また会いたいな」とつぶやいた→**さみしさ**
>
> (3) **情景描写《じょうけいびょうしゃ》**
> 《例》：雲の切れ目から光がさしてきた→**希望**

まずはそれぞれの場面ごとの気持ちをていねいにおさえよう。それをくり返すことで、気持ちの変化を読み取れるよ。

●変化のきっかけをおさえる

場面ごとの気持ちを比《くら》べていけば、気持ちの変化を読み取ることができますが、それだけではなく、「なぜ気持ちが変化したか」をおさえることも重要です。次の例を見てみましょう。

> 〈遠足の日の朝〉
> いつもは起きられないのに、今日は目覚まし時計が鳴る前に目が覚めた。
> 　　　　　　　　　　　　　　　　**＝楽しみ・ワクワク**
> まどの外を見ると、ざあざあぶりの雨だった。
> 　　　　　　　　　　　　　　　　**＝変化のきっかけ**
> がっくりとかたを落として、もう一度ふとんにもぐりこんだ。
> 　　　　　　　　　　　　　　　　**＝悲しみ・がっかり**

物語の読み取り問題では、「なぜこのような気持ちになったのですか」という問題が多く出題されます。そのとき、気持ちの変化のきっかけが大きなヒントになります。場面ごとの気持ちとともに、変化のきっかけにも注目することが、とても重要です。

> 〈気持ちの変化を読み取るポイント〉
> (1) **場面ごとの気持ちを読み取る。**
> 「行動・表情」「発言・口調」「情景描写」に注目
> (2) **気持ちが変化するきっかけに注目する。**

例題　次の文章を読んで、あとの問いに答えなさい。

「ただいま！」

玄関《げんかん》を開けると、ふわっとあまいにおいがただよってくる。

「バースデーケーキ、できた？」

台所にかけこみながらわたしがたずねると、

「もう、この子は。手はあらったの？」

生クリームをあわだてていたお母さんが苦笑いをしながらこちらを見る。テーブルの上にはたくさんのフルーツ。お母さんお手製《てせい》のフルーツケーキはわたしの大好物だ。

その時。がちゃっと玄関が開いて、弟のたくみが帰ってきた。顔が赤く、目はうるんで、ひと目で高熱があるとわかる。

「たくみ！　お熱があるのね？　すぐに病院に行こうね。」

お母さんがあわだて器を放り出してたくみの額《ひたい》に手を置く。

「またか……」

しまった、と思ったがおそかった。

「『また』って何？　たくみは体が弱いの。わざと熱を出しているわけじゃないのよ！」

お母さんのとがった声がわたしにささる。

「そんなのわかってるよ。わかってるけど、今日はわたしの誕生日《たんじょうび》なのに！」

そこまで言ったら、あとは言葉にならず、わたしは二階の自分の部屋へかけあがった。

1　問題文の最初と最後で、「わたし」の気持ちはどのように変化していますか。「最初は……、最後は……。」の形で簡潔《かんけつ》に説明しなさい。

2　**1**の変化のきっかけとなったのは、どのようなことですか。次の中から二つ選び、記号を○で囲《かこ》みなさい。

ア　お母さんがフルーツケーキを焼いてくれたこと。
イ　弟が高熱を出し、病院に行く事態《じたい》になったこと。
ウ　お母さんが弟の心配をしない「わたし」をしかったこと。
エ　「わたし」が二階の自分の部屋へかけあがったこと。

これができるとかっこいい！
2のア～エは、どれも物語の中に出てくるできごと。その中のどれが気持ちの変化のきっかけになっているのか、じっくり考えよう！

8 気持ちの変化を読み取る ①

物語

学習日　月　日　得点　／100点

次の文章を読んで、あとの問いに答えなさい。

【里砂《りさ》さんは、むすめの「すみれちゃん」を一人で育てている。便利屋を営《いとな》む「わたし」の家族は、仕事がいそがしい里砂さんから、すみれちゃんの保育園《ほいくえん》の運動会へ代わりに行ってほしいとたのまれた。】

「すみれねえ、ボールコロコロと、よーいどんと、ねこのダンスにでるの。あ、それから、たいそうもするよ。」

①すみれちゃんは、自分が出場するプログラムのタイトルを大声で言い、スキップしながら坂道を下りていった。「これねこのダンス」というところでは、軽くにぎった両手をかたまで上げておしりをふって、ねこのまねをしていた。

おばあちゃんが心配するようなことはなかったじゃないか、すみれちゃんは楽しそうじゃないか、と思ったわたしは、（ A ）だったと思う。

保育園の前の道路には、園児たちのおじいさんやおばあさん、お父さんやお母さんが、ぞろぞろと歩いて集まっていた。それぞれに、小さな子どもと手をつないだり、ベビーカーをおしたりしている。「ママー」とか、「お父さん！」という声が、あちこちでひびいていた。

それを見たすみれちゃんの足取りはしだいに重そうになり、笑顔《えがお》が消えた。

1 ——①とありますが、ここから読み取れるすみれちゃんの様子を次の中から一つ選び、記号を○で囲《かこ》みなさい。（20点）

ア　運動会が楽しみで、うきうきする様子。
イ　運動会で活躍《かつやく》できるか、不安に思う様子。
ウ　お母さんが運動会に来ないことに、はらを立てる様子。
エ　お母さんが運動会に来るのを、待ちかねている様子。

2 （ A ）にあてはまる言葉を次の中から一つ選び、記号を○で囲みなさい。（20点）

ア　したたか　イ　あさはか
ウ　さわやか　エ　おだやか

3 ——②について、次の問いに答えなさい。

1 すみれちゃんの様子はどのように変化したのですか。次の文の□にあてはまる言葉を、文中からそれぞれ四字と六字で書きぬきなさい。（各10点）

□□□□な様子だったのが、保育園に着くころには□□□□□□。

もしかするとすみれちゃんには、里砂さんが運動会に来てくれないという事実が、よく理解《りかい》できていなかったのかもしれない。説明されたときにはわかったような気がしていても、実際《じっさい》にそれがどういうことなのか、今になってはじめてわかったんじゃないだろうか。

＊お母さんも、②すみれちゃんの変化には気づいたようで、「ほら、あそこに寺岡《てらおか》のおじちゃんがいるよ」と言ったり、「みんなで応援《おうえん》するからね」とはりきってみたりしたけれど、すみれちゃんに笑顔はもどらなかった。

荷物を置くと、わたしはすみれちゃんの手を引いて、入場門前の集合場所まで連れていった。そこでほかの子たちといっしょにならばせようとしたけれど、すみれちゃんはうつむいたまま、わたしの手をはなさない。

どうしたらいいんだろうと思っていたら、わかい保育士《ほいくし》さんが笑顔でやってきて、「すみれちゃんおはよう」と、声をかけてくれた。保育士さんには事情《じじょう》がわかっているのだろう。すみれちゃんのかたに手を置いて、列の前のほうに連れていってくれた。

「かわいそうねえ、やっぱり。」

応援席にもどると、首に白いタオルをまいて、つばの広いぼうしをかぶったお母さんが、ため息まじりに言った。

《出典》中山聖子《なかやませいこ》『べんり屋、寺岡《てらおか》の秋。』（文研出版《ぶんけんしゅっぱん》刊《かん》）

＊お母さん＝「わたし」のお母さん。

---

2 すみれちゃんの様子はなぜ変化したのですか。書きなさい。（20点）

4 問題文の内容《ないよう》として正しいものを次の中から一つ選び、記号を○で囲みなさい。（20点）

ア すみれちゃんは、「わたし」が手をつなごうとするとそれをいやがった。

イ すみれちゃんは、わかい保育士さんの笑顔を見るとようやく笑顔を取りもどした。

ウ 保育士さんは、すみれちゃんのお母さんが運動会に来られないことを事前に知っているようだった。

エ 「わたし」のお母さんは、むすめの運動会の応援にも来ないすみれちゃんのお母さんにはらを立てている。

学習日　月　日
得点　／100点

次の文章を読んで、あとの問いに答えなさい。

【母が仕事でいそがしく、さみしい思いをしていた由美《ゆみ》は、「ハーブガーデン」という喫茶店《きっさてん》の手伝いを始める。やがて、塾《じゅく》や習い事をさぼって店に通うようになり、この日は初めて学校までさぼってしまった。】

「由美！」

そのとき突然《とつぜん》、低い声が背中《せなか》にあたった。

ふり向くと、①お母さんがあらあらしい顔つきで、由美のほうへとかけてくる。カバンはかたからずり落ちているし、着ているブラウスの胸元《むなもと》もみだれている。そして、お母さんのうしろには*花蓮《かれん》ちゃんのママがいた。

由美はおどろきで、心臓《しんぞう》がやぶれそうに痛《いた》んだ。

ああ、どうして気づかなかったんだろう。お母さんに連絡《れんらく》がいかないわけないのに……。

「どうして仕事のじゃまをするの？　本当に『お母さん』やめちゃうわよ。いいの？　そうなってもいいの？」

由美はそんなふうにしかられるにちがいないと、身体《からだ》をふるわせた。だけどお母さんは、由美に近づくと、いきなり身体をぎゅっとだきしめて言った。

「お母さん、すぐに会社やめるから！」

お母さんにきつくだきしめられた由美は、なにがおこった

1 ——①について、次の問いに答えなさい。

1 由美はお母さんの様子を見て、お母さんがどのような気持ちでいると考えましたか。書きなさい。（20点）

2 お母さんは本当はどのような気持ちだったと考えられますか。次の中から一つ選び、記号を○で囲《かこ》みなさい。（15点）

ア 働くことの大切さを理解《りかい》せず、自分勝手な言動をくりかえすむすめにあきれる気持ち。

イ むすめの突然の反抗《はんこう》におどろき、今後どう行動してよいかわからずにとほうにくれる気持ち。

ウ 大好きな仕事をむすめのためにあきらめることになり、母親になったことをくやむ気持ち。

エ むすめのつらい気持ちを察し、すぐに仕事をやめてでもむすめを大切にしようと決意する気持ち。

のかわからなかった。

えっ、おこらないの、しからないの……？

「すぐに、会社やめるから、どこにも行かないでよぉ……」

由美のかたに顔をうずめたお母さんは、泣いてるみたいだった。

本当なんだ、本当に会社、やめる気なんだ。私のために、やめる気なんだ。

「ごめん、なさい……」

安心したせいか、自然とそんな言葉がこぼれた。と同時に目から、ぽたぽたとなみだが落ちはじめた。

本当はずっとこわかった。

ハーブガーデンに通うようになって、塾をさぼったり、お金を使ってしまったりする自分が、取りかえしのつかないことをしているようで、ずっとこわかった。とうとう学校までさぼってしまったきょうなんて、生きた心地《ここち》がしなかった。

*すみれさんの言うとおりだ。②由美は、待っていたのだ。ハーブガーデンに通ってる自分を、見つけてほしかった。悪いことを重ねていく自分を止めてほしかった。

本当はここにきたっていつも居心地《いごこち》が悪かったから。いやされたことなんてなかったから。

「ごめんなさい……」

由美はもう一度つぶやくと、声をあげて本格的《ほんかくてき》に泣きだした。

自分なんてきらい。もっと、ちがうだれかに生まれたかっ

2 ――②とありますが、何を待っていたのですか。書きなさい。（20点）

〔　　　　　　　　〕

3 ――③とありますが、どういうことですか。次の文の□にあてはまる言葉を、文中からそれぞれ四字と五字で書きぬきなさい。（各5点）

由美の□□□□であるさくらちゃんも、実際には欠点をかかえ、□□□□□できずに苦悩《くのう》しているかもしれないということ。

次のページに続きます。

た。ずっとそんなふうにいじけてきたけど、すみれさんも、＊綾芽《あやめ》さんも、花蓮ちゃんさえも、自分に満足なんてしていなかった。

「ちゃんと、あしたは学校に行くから……」

もっとすてきなオーナーになりたかったり、長野《ながの》くんの大事なひとでいたかったり、バレエやピアノじゃなくて空手をやりたかったり……。でも、そんなひとにはなれなくて、思いどおりにはいかなくて。

「ちゃんと塾にも行くから……」

あこがれって、どんなに光って見えても、近づいてよく見たら、よごれていたり、欠けていたりするものなのかもしれない。③雑誌《ざっし》の中ではいつもすてきなさくらちゃんも、実際《じっさい》に会ってみたらそんなものかもしれない。

だったら……。

「ごめんなさい……」

だったら、このままでいい。④『松川由美《まつかわゆみ》』のままでがんばる。

草野《くさの》たき『ハーブガーデン』（岩崎書店刊《いわさきしょてんかん》）

＊花蓮ちゃん＝由美があこがれるクラスメイト。
＊すみれさん＝ハーブガーデンのオーナー。
＊綾芽さん＝ハーブガーデンを手伝う中学生で、恋人《こいびと》だった「長野くん」に未練がある。

4 ——④とありますが、どういうことですか。書きなさい。（20点）

5 由美の気持ちはどのように変化しましたか。次の中から一つ選び、記号を○で囲みなさい。（15点）

ア 塾や学校をさぼって自由を楽しんでいたが、母親にしかられて反省し、自分なりに努力しようと決心した。

イ 他人のことを心の中でばかにしていたが、母親の言葉を聞いて思い直し、周りの人を尊敬《そんけい》するようになった。

ウ おびえながら悪いことをしていたが、母親に受け入れられて安心し、自分のことをみとめて生きていこうという気持ちになった。

エ 母親の言いなりになって生きてきたが、母親と正面からぶつかることで解放《かいほう》され、自由で明るい気持ちになった。

練習しよう

□には漢字を、（　）には送りがなを書きなさい。

1 子どもに□□《ざいさん》を残す。

2 商売で□□《りえき》をあげる。

3 一人で□□□《るすばん》する。

4 □□《けいけん》を重ねる。

5 自分の発言に□□《せきにん》をもつ。

6 □□《ぎじゅつ》が進歩する。

7 仕事の□□《のうりつ》をあげる。

8 本で□□《じょうほう》を集める。

9 二人の関係が□□《けんあく》になる。

10 ビルを□□《けんせつ》する。

11 雲の切れ間から太陽が□（　　）《あらわれる》。

12 友人のさそいを□（　　）《ことわる》。

10 同音異義語《いぎご》・同訓異字

言葉のきまり

学習日　月　日
得点　／100点

1 次の文の――の言葉の漢字としてあうものをあとの**ア**～**ウ**の中から一つずつ選び、記号を○で囲《かこ》みなさい。（各2点）

1 じたいは急を要する。
ア 字体　**イ** 事態　**ウ** 自体

2 結果は大事だが、練習のかていも大事だ。
ア 過程　**イ** 家庭　**ウ** 仮定

3 夏休みに実家にきせいする。
ア 気勢　**イ** 規制　**ウ** 帰省

4 きこうの良い所を旅する。
ア 起工　**イ** 気候　**ウ** 寄港

5 長時間の作業からかいほうされる。
ア 開放　**イ** 快方　**ウ** 解放

2 次の文の（　）にあう言葉を一つずつ選び、○で囲みなさい。（各5点）

1 夜空に月がすがたを（現《あらわ》す・表す）。

2 大学でフランス語を（治める・修《おさ》める）。

3 田んぼで米を（作る・造《つく》る）。

4 文化祭でげきの主役を（務《つと》める・努める）。

5 野球部は準《じゅん》決勝で（破《やぶ》れた・敗れた）。

6 しばらくの間連らくを（絶《た》つ・立つ）。

7 若者《わかもの》が村から（経《へ》る・減《へ》る）。

8 プールの水深を（測《はか》る・計《はか》る）。

3 次の言葉がそれぞれの意味になるように、漢字で□に書きなさい。（両方できて各5点）

1 かいしん
ア 思った通りで満足なさま。
イ 悪いとわかり、心を入れかえること。
ア □□　イ □□

2 しじ
ア 他の人の考えに賛成《さんせい》し、応《おう》えんすること。
イ ある人を先生とし、教えを受けること。
ア □□　イ □□

3 さ（める）
ア 熱いものの温度が下がること。
イ 意識《いしき》がはっきりすること。
ア □める　イ □める

4 と（まる）
ア 動いていたものが動かなくなること。
イ ある事が心に残ること。
ア □まる　イ □まる

4 次の各組みの——の言葉を漢字で□に書きなさい。（両方できて各6点）

1
ア 熱があるので、ほけん室へ行く。
イ もしものために生命ほけんに入る。

2
ア 明日の学校のよういをする。
イ よういには解決《かいけつ》できない問題だ。

3
ア 母はやさしいせいかくだ。
イ せいかくな答えが知りたい。

4
ア 先生は情《じょう》にあつい人だ。
イ 今年の夏休みは例年よりもあつい。

5
ア みなりを整える。
イ みのある話を聞く。

1 ア □□　イ □□
2 ア □□　イ □□
3 ア □□　イ □□
4 ア □い　イ □い
5 ア □　イ □

11 対義語《たいぎご》・類義語

言葉のきまり

学習日　月　日
得点　／100点

1 次の1～3の言葉は対義語（意味が反対、または対《つい》になる言葉）を、4～6の言葉は類義語（意味が似《に》ている言葉）を、それぞれあとの**ア**～**ウ**の中から一つずつ選び、記号を○で囲《かこ》みなさい。（各2点）

1 全体　**ア** 部分　**イ** 全員　**ウ** 半分

2 安心　**ア** 無事　**イ** 安全　**ウ** 心配

3 精神《せいしん》　**ア** 肉体　**イ** 行動　**ウ** 生命

4 不平　**ア** 不服　**イ** 不幸　**ウ** 不便

5 異国《いこく》　**ア** 祖国《そこく》　**イ** 外国　**ウ** 母国

6 未来　**ア** 現在《げんざい》　**イ** 過去《かこ》　**ウ** 将来《しょうらい》

---

2 次の1～4は対義語、5～8は類義語の熟語《じゅくご》の組み合わせになるように、あてはまる漢字をあとの[　]の中から一つずつ選び、□に書きなさい。なお、同じ漢字は二回使えません。（各3点）

1 有利 ↔ □利

2 集合 ↔ □散

3 感情《かんじょう》 ↔ □性《せい》

4 主観 ↔ □観

5 予測《よそく》 ― 予□

6 快活《かいかつ》 ― 活□

7 進歩 ― □上

8 音信 ― 消□

[理　向　息　客　解《かい》　想　不　発]

3 次の文の――の言葉の対義語を□に書きなさい。（各3点）

1 兄の旅立ちを喜《よろこ》ぶ。
□

2 荷物が重い。
□

3 試合に勝つ。
□

4 頂上《ちょうじょう》までは遠い。
□

4 次の各組みの熟語の中から、類義語を一組みずつ選び、（　）に記号を書きなさい。（両方できて各4点）

1 ア 案外　イ 内外　ウ 以外　エ 以内　オ 意外　（　・　）

2 ア 他人　イ 口外　ウ 他言　エ 口頭　オ 頭角　（　・　）

3 ア 見学　イ 味方　ウ 関心　エ 関係　オ 興味《きょうみ》　（　・　）

5 次の1～4は対義語、5～8は類義語の熟語の組み合わせになるように、あてはまる言葉をあとの[　]の中から一つずつ選び、漢字に直して□に書きなさい。なお、同じ言葉は二回使えません。（各5点）

1 原因《げんいん》 ↔ □□

2 消費《しょうひ》 ↔ □□

3 内容《ないよう》 ↔ □□

4 戦争 ↔ □□

5 天然 ― □□

6 公正 ― □□

7 永久《えいきゅう》 ― □□

8 欠点 ― □□

エイエン　ケイシキ　タンショ　コウヘイ
シゼン　セイサン　ケッカ　ヘイワ

学習日
月
日

12 主張《しゅちょう》を読み取る

説明文のポイント

今回は、筆者の主張を読み取ることを学習します。

文章は、筆者が何か伝えたいことがあって書くものです。この、**最も伝えたいこと**は何かを読み取ることが大切です。

「ポケットに手を入れたまま歩くのはやめましょう。」

このような主張があったとしましょう。確《たし》かにこれだけでも「主張」らしい表現《ひょうげん》となっています。しかし、これでは説得力《せっとくりょく》がありません。では、こうしたらどうでしょうか。

①冬になると、転んでけがをする生徒が増《ふ》えます。それはなぜでしょうか。

②冬の朝は寒く、手袋《てぶくろ》をしていない生徒はポケットに手を入れて登校してきます。そのときに転んでしまうと、とっさに手が前に出ずに、そのまま地面にたおれてけがをしてしまうのです。

③ですから、ポケットに手を入れたまま歩くのはやめましょう。

右の文では、③が主張ですが、それを述《の》べる前に、①で話題を示《しめ》し、②で③のように主張する理由を説明しています。このように、主張の理由（根拠《こんきょ》）や、話題などが事前に示されると、なぜ筆者がそう主張するのか、どんな事例があったのかといったくわしいことがわかるので、文章に説得力が生まれるのです。

●主張の読み取り方

説明文での主張を読み取る手順は、次のとおりです。

〈主張の読み取り方〉
(1)文章の話題をつかむ。
(2)形式段落《だんらく》ごとの内容《ないよう》をつかむ。
(3)形式段落のはたらきをつかむ。
（具体例・反対の内容・同じ内容の言いかえ、など）
(4)話題とのつながりや、具体例から導《みちび》けることなどから、それらをつらぬく筆者の考えをつかむ。

具体例は主張をわかりやすく伝えるためのものだから、具体例から、どんなことが言いたいのかを考えてもいいね。

例題　次の文章を読んで、あとの問いに答えなさい。

1 食べられるのにすててしまう食品を「食品ロス」といいます。平成二二年度の農林水産省の調査《ちょうさ》によれば、わが国では年間一七〇〇万トン、一人当たりに直すと約一五キロ、ご飯茶わんにして実に約六十食分の食料が、まだ食べられるのにも関わらず、すてられているという計算になります。

2 この数値《すうち》を知って、とてもおどろかれたのではないでしょうか。おそらく多くのみなさんが、自分はそんなに無駄《むだ》にしているとは思っていなかった、知らなかったと言うのではありませんか。このおどろきに「食品ロス」を減《へ》らす手がかりがかくされているのです。

3 安いからと言ってまとめ買いをしないことや、外食の際《さい》に多く注文しない、残したら持ち帰るなど、「食品ロス」を減らす工夫《くふう》はたくさんあります。一人でも多くの人が、この取り組みを継続《けいぞく》させなければなりません。そのためには、まず、自分がいつ、どこで、どんな食品を、どれくらいすてているのかを知っておくことが大切なのです。これを「食品ロス」の「可視化《かしか》」（見えるようにすること）といいます。自分の食に対する気づきがなければ、この取り組みは定着しないのです。

4 試しに、おうちの方と一緒《いっしょ》に、一週間で無駄にしてしまった食材を書き出してみてはどうでしょうか。きっと何か気づくことがあるはずです。

---

1 1段落の「ご飯茶わん」のように、身近な数字を使って説明している理由を次の中から一つ選び、記号を○で囲《かこ》みなさい。

ア 具体的な数字を出すことで、「食品ロス」を減らす数値目標を設定《せってい》しやすくするため。

イ ただ意見を述べるだけでは読者は信じないので、動かしがたい事実をつきつけておどかすため。

ウ 日々どれだけの量の食品をすてているか、読者自身に実感してもらうため。

エ 食べ物を無駄にしている張本人《ちょうほんにん》は自分たちであると気づかせ、反省をうながすため。

2 筆者の主張をまとめました。次の文の（　）にあてはまる内容を考えて書きなさい。

自分たちが（　　　　　　　　）に気づくことで（　　　　　　　　）につなげたい。

これができると かっこいい！

それぞれの段落のはたらきを考えると、筆者がいちばん伝えたかったことがわかるよ！

13 主張《しゅちょう》を読み取る ①

説明文

次の文章を読んで、あとの問いに答えなさい。

ジャーナリストの役割《やくわり》とはどういうことか。私の考えはこうです。

いわゆるコメンテーターだったり、評論家《ひょうろんか》だったりするジャーナリストは、自分の意見をどんどん社会に発信していくタイプです。このタイプの人は非常《ひじょう》に多い。ならば一人くらい、あえて自分の考えはおさえておいて、みなさんに考えてもらう材料を提供《ていきょう》する、そういう役割の人間がいたっていいじゃないか。①私の役割はそこなのです。

「ジャーナリスト」の語源的《ごげんてき》意味は何でしょうか。そもそも「ジャーナル」とは日記という意味です。日々のできごとを記録する、それを人々に伝えていくというのが、ジャーナリストの役割です。

「いま、こういうことが起きています。さあ、この材料をもとにあなたがたはどう考えますか？　みなさんがそれぞれ一人ずつ考えてくださいね」

これが私の役割だと思っています。

よく私に「これについてはどう思いますか」「どうしたらいいんでしょうか」と意見をきいてくる人がいます。それに対する私の *スタンスは、こうなります。

「じゃあ、私がなにかいったら、あなたはそのとおりにする

1 ――①、筆者は自分のことをどんなタイプのジャーナリストだと考えているか、書きなさい。（20点）

［　　　　　　　　　　］

2 ――②はどういうことですか。次の中から一つ選び、記号を◯で囲《かこ》みなさい。（20点）

ア 自分で考えることを最初からやめてしまい、人の判断をあてにしている、ということ。

イ 専門家《せんもんか》の前なので、自分の意見をいうことを遠慮《えんりょ》してしまっている、ということ。

ウ 自分の考えはあるものの、相手に合わせようとして、最初はいわないでいる、ということ。

エ 否定《ひてい》されるのがこわくて、自分の意見をいえなくなってしまっている、ということ。

3 （ A ）にあてはまる言葉を次の中から一つ選び、記号を◯で囲みなさい。（20点）

ア なぜなら、私も　**イ** つまりは、どうしても

ウ でも、その一方で　**エ** そこで、いうなれば

学習日　月　日

得点　／100点

んですか」

「それって、②思考を停止《ていし》していることになるんじゃないですか」

「あなたはあなたで考えてほしいから、私はあえてそれについてはいいません」

（ Ａ ）生身の人間ですから、どうしてもなにかいうときに、自分のスタンスやニュアンスは出てしまいます。そのときに、それに自分で気づいてどうおさえるか。そこで、いつもいつも苦労しています。あえていわないようにするには、どうしたらいいか。そこをいつも工夫《くふう》しています。

意見というものは、私の話を聞いた国民一人ひとりが考えることであって、こちらからおしつけるものではありません。国民一人ひとりが自分の頭で考え、行動することによって、民主主義《みんしゅしゅぎ》は守られていきます。

民主主義というものは、十分な判断《はんだん》材料の情報《じょうほう》をあたえられた市民によって成り立ちます。その情報を伝える健全な複数《ふくすう》のメディアが存在《そんざい》してこそ、民主主義が確保《かくほ》できるのです。

カリスマ指導者《しどうしゃ》が一人出てきて、「こうだ！」という。みんなが「そうだ！」といってそれについていく。こういうことは、決して健全な民主主義ではない。

つらいけれども、一人ひとりで考えましょうよ、というのが、私のメッセージです。賢明《けんめい》な読者は、ひとりで考えることを知っています。

＊スタンス＝姿勢《しせい》・態度《たいど》。

---

4 民主主義が確保されるために必要なことをまとめた次の文の□にあてはまる言葉を文中からそれぞれ十字と十四字で書きぬきなさい。（各10点）

国民一人ひとりが□□□□□□□□□□をあたえられ、□□□□□□□□□□□□□□によって確保できる。

5 筆者の考えとして正しくないものを次の中から一つ選び、記号を○で囲みなさい。（20点）

ア 自分の意見をいわないように日々のできごとを伝えていくことが、工夫のしどころである。

イ 強力な指導者がみんなの意見を代表して国をひっぱっていくことが、民主主義の基礎《きそ》となる。

ウ 物事を判断するための材料は、健全な複数のメディアを通じて得《え》ることができるとよい。

エ 日々起こることについて、一人ひとりで考えることは楽なことではないが、必要なことである。

《出典》池上彰《いけがみあきら》『ニュースの大問題！　スクープ、飛ばし、誤報《ごほう》の構造《こうぞう》』（さくら舎刊《しゃかん》）

14 主張《しゅちょう》を読み取る ②

説明文　漢字の学習

学習日　月　日　得点　／100点

次の文章を読んで、あとの問いに答えなさい。

【次の文章は、『三省堂《さんせいどう》国語辞典』（文中では『三国《さんこく》』）の改訂《かいてい》のための会議について述《の》べたものです。なお、文中に出てくる「大方針《だいほうしん》」の2つめについて述べた部分は省略《しょうりゃく》しています。】

　さて、会議の冒頭《ぼうとう》は、まず編集《へんしゅう》方針の確認《かくにん》から始まります。これは編集委員と編集者にとっての（　A　）のようなもので、他の辞書と『三国』を区別する大事なものです。根幹《こんかん》となる「大方針」は2つあります。

　ひとつは、「実例に基《もと》づいた項目《こうもく》を立てる」ということ。

　もうひとつは、「中学生にでもわかる説明を心がける」ということです。

　まず、「実例に基づいた項目」のほうから見ていきましょう。一般《いっぱん》に、どんな国語辞典でも、実例に基づかない項目なんてないはずです。実際《じっさい》に使われていることばだからこそ、辞書にのせるのです。ただ、そののせ方にもいろいろあります。

　「甘熟《かんじゅく》」ということばを知っていますか。「完熟」のあやまりではありません。甘《あま》く熟する、または熟成することを言うことばです。青果店や洋菓子《ようがし》店などの前を通ると、このことばによく出合います。〈甘熟バナナ〉〈甘熟トマト〉〈甘熟焼き芋《いも》〉など、枚挙《まいきょ》にいとまがありません。〈甘熟 純玄米黒《じゅんげんまいくろ》

1 （　A　）にあてはまる言葉を次の中から一つ選び、記号を○で囲《かこ》みなさい。（10点）

ア 目標　**イ** かけひき　**ウ** 運命　**エ** 憲法《けんぽう》

2 ――①について、次の問いに答えなさい。

(1) 今のところ国語辞典に「甘熟」という言葉がのっていない理由を次の中から一つ選び、記号を○で囲みなさい。（20点）

ア 「甘熟」という新しいことばをのせれば、「完熟」という正しいことばの意味がおろそかになってしまうおそれがあるから。

イ 辞書はむずかしいことばの意味を説明するものであり、「甘熟」は漢字から意味がわかるような簡単《かんたん》な造語であるから。

ウ 「甘熟」は、もともとは個々のお店や通販サイトの造語であり、まちがった日本語だから。

エ 街の中ではよく使われているが、辞書にのせる際の資料である新聞や文学にはあまり出てこないから。

酢《ず》〉などの調味料を売り出しているメーカーもあります。

ところが、新聞記事や文学作品を読んでいるときに、このことばを見いだすことはあまりありません。「完熟」は出てきても、「甘熟」は出てこないのです。

①国語辞典にも、今のところ「甘熟」はのっていません。国語辞典は、資料《しりょう》とする範囲《はんい》が新聞の文章や文学作品などであることが多いため、そこに出てこないことばは項目として立ちにくい傾向《けいこう》があります。

しかしながら、「甘熟」は、街の中ではたいへん多く使われています。試《ため》しに、「楽天市場《らくてんいちば》」などの通販《つうはん》サイトで「甘熟」を検索《けんさく》してみてください。このことばを使う店が、北から南まで全国に広がっていることがわかるはずです。

ここで、辞書編さん者のとる態度《たいど》は2つに分かれます。一方は、「『甘熟』ということばは辞書にのせる必要はない」というものです。「新聞や文学作品にあまり出てこないのであれば、日本語としての普遍性《ふへんせい》に欠ける。『甘熟』は、店が勝手に考え出したのだろう。辞書というものは、むずかしいことばの意味を正しく知るためのもので、俗《ぞく》なことばを積極的にのせる必要はない」。こうした考え方を、ここでは「規範《きはん》主義《しゅぎ》」とよんでおきましょう。

一方、②「『甘熟』は辞書に必要」という態度もあります。「たしかに、新聞や文学作品のことばには少ないが、街の中には『甘熟』は厳然《げんぜん》としてある。これもまぎれもなく日本語だ。もとは個々《ここ》の店の造語《ぞうご》かもしれないが、*一過性《いっかせい》のものでは

---

2 このような態度を何とよんでいますか。文中から書きぬきなさい。（10点）

〔　　　　　〕

3 ――②とありますが、筆者がそのように考える理由を「『甘熟』ということばは」に続く形で書きなさい。（20点）

「甘熟」ということばは

〔　　　　　〕

4 『三国』の編さん者である筆者は、どのような辞書をつくろうとしていますか。次の文の□にあてはまる言葉を文中から十五字以内で書きぬきなさい。（20点）

それを見れば□□□□□□□□□□□□□□□がわかるような辞書。

次のページに続きます。

なく、それなりに広がりを見せ、定着している。辞書は、『今そこにある日本語』をのせるべきである」。こうした考え方を、「実例主義」とよんでおきましょう。

『三国』は、この意味で、実例主義なのです。ことばをかえて言えば、世の中に定着したことばはなるべくのせ、今の日本語がどうなっているかを辞書に反映《はんえい》させようとします。「現代《げんだい》日本語を鏡のようにうつし出す」と表現してもいいでしょう。

実例主義を「鏡」とするならば、規範主義のほうは、同じ「かがみ」でも「手本」という意味の「鑑《かがみ》」です。国語辞典の多くは、どちらかというと、「鑑」のほうに重点を置いています。「このことばは正しくはこうです」と説明することが主眼《しゅがん》で、「今の日本語はこのようになっています」と示《しめ》す「鏡」の役割《やくわり》は*副次的です。

規範主義の「鑑」か、実例主義の「鏡」か。これは、どちらがすぐれているというものではありません。ただ、どちらを重視《じゅうし》するかによって、辞書の性質《せいしつ》は大きくちがってきます。

『三国』は、まずは「鏡」であろうとします。「鑑」の役割をないがしろにするという意味ではありませんが、それはそれで大事なのだけれど、「今はこうなっています」ということを、できうるかぎり記述《きじゅつ》したい。これが「大方針」の一つめです。

飯間浩明《いいまひろあき》『辞書を編《あ》む』（光文社刊《こうぶんしゃかん》）

＊一過性＝一時的に現《あらわ》れて、すぐ消えてしまうこと。
＊副次的＝従属《じゅうぞく》・付随《ふずい》していること。二次的。

5 問題文の内容《ないよう》としてあわないものを次の中から一つ選び、記号を○で囲みなさい。（20点）

ア 筆者は中学生にもわかりやすく、世の中に定着したことばをのせている辞書をつくりたいと考えている。

イ むずかしいことばの意味を正しく説明することを重視する辞書は、世の中の姿《すがた》を反映できないので実用的ではない。

ウ 規範主義と実例主義は、辞書の性質のちがいであって、どちらの役割を重視するかにおいての優劣《ゆうれつ》はない。

エ 国語辞典の多くは、ことばの正しい意味や使い方を説明するのが主で、現在《げんざい》の日本語の姿を示す役割は副次的である。

練習しよう

□には漢字を、（　）には送りがなを書きなさい。

1 お金を□《き》□《ふ》する。

2 めずらしい昆虫《こんちゅう》を□《さい》□《しゅう》する。

3 国語の□《じゅ》□《ぎょう》が始まる。

4 □《そ》□《しき》の中で働く。

5 自分の意見を□《しゅ》□《ちょう》する。

6 □《ぜっ》□《たい》にわすれない。

7 ケーキを□《きん》□《とう》に分ける。

8 昔の行事が□《ふっ》□《かつ》する。

9 日本□《どく》□《とく》の文化。

10 結果を□《ほう》□《こく》する。

11 □（　）《まずしい》生活。

12 絵の具を□（　）《まぜる》。

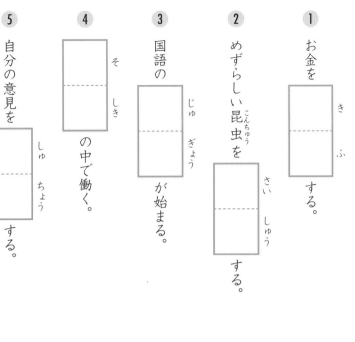

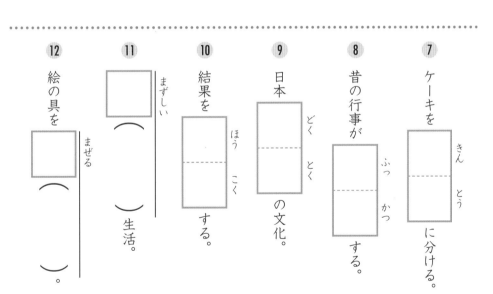

15 慣用句《かんようく》

言葉のきまり

学習日　月　日

得点　／100点

1 次の文の――の慣用句の意味をあとの**ア**～**オ**の中から一つずつ選び、（　）に記号を書きなさい。（各5点）

1 いろいろとお世話になっているかれには、頭が上がらない。（　）

2 姉の思いがけない言葉に耳をうたがう。（　）

3 父は地元では顔が広い。（　）

4 勉強せずにテストでいい点を取ろうなんて、虫がいい話だ。（　）

5 公共の場では静かにするようにくぎをさす。（　）

ア 思いがけないことを聞き、聞きまちがいではないかと思う。

イ いろいろな人に知られている。

ウ 引け目を感じたり恩《おん》があったりして、対等にふるまえない。

エ 問題が起きないよう、あらかじめ念をおす。

オ 自分勝手でずうずうしいこと。

2 次の文の――は、体の一部を表す漢字が入る慣用句です。あとの意味にあうように□にあてはまる漢字一字を□に書きなさい。（各5点）

1 あまりの難問《なんもん》に、□をかかえる。
意味…こまってどうしたらよいか考えこむ。　□

2 友人の学校の文化祭に、□を運ぶ。
意味…わざわざ出向く。　□

3 この絵を選ぶとは、さすがに□が高い。
意味…物事を見分ける力がすぐれていること。　□

4 クラス会で久《ひさ》しぶりに全員の□がそろう。
意味…出席する予定の人が全員集まる。　□

5 兄から失敗を指てきされて□がいたい。
意味…欠点や失敗を言われて、聞くのがつらい。　□

3 次の文の□にあてはまる言葉をあとの[ ]の中から一つずつ選んで書き、慣用句を完成させなさい。なお、同じ言葉は二回使えません。（各5点）

1 母が□を打ちながら弟の話を聞いている。

2 毎日練習しているので、おどるすがたが□についてきた。

3 過去《かこ》の出来事は□に流して仲よくする。

4 旅先で思いきり□をのばす。

5 作業人数が少なすぎて、このままでは□が明かない。

6 ゲームで手加減《てかげん》して、妹に□を持たせる。

[相づち　羽　花　板　らち　水]

4 次の文章の①〜⑥は慣用句とその一部です。（①）・（②）にあう言葉をそれぞれひらがな二字で□に書きなさい。また、③〜⑥の中から、使い方をまちがえているものを二つ選び、（　）に記号を書きなさい。（各5点）

先週の校外学習で、わたしは（①）をおどらせながら市のプラネタリウムをおとずれた。目の前いっぱいに広がる星空は、（②）をのむほど美しかった。

係の人のお話によると、地方の小さな市にプラネタリウムを造《つく》っても、お客さんが来ないのではないか、総工費《そうこうひ》がかかりすぎて、財政《ざいせい》が③火の車になるのではないかと、反対意見も多かったそうだ。しかし、地元住民の④油を売るような努力の結果、プラネタリウムの建設《けんせつ》が許可《きょか》された。それは、プラネタリウム建設への動きが始まってから、十年という⑤気が置けないような長い年月のあとだったという。

このプラネタリウムは、今では全国的にも人気のある観光スポットの一つとなっていて、わたしたち市民としてもたいへん⑥鼻が高い。

① □□

② □□

使い方をまちがえているもの　（　）・（　）

学習日 月 日 得点 /100点

1 二つのことわざの□に共通してあてはまる生き物の名前を書きなさい。（各5点）

1 □
・あぶ□取らず
・泣きっ面《つら》に□

2 □
・えびで□をつる
・くさっても□

3 □
・□も歩けばぼうに当たる
・飼《か》い□に手をかまれる

4 □
・□がたかを生む
・□に油あげをさらわれる

2 次の文の□にあてはまる漢数字を入れなさい。また、そのことわざの意味をあとのア〜エの中から一つずつ選び、（　）に記号を書きなさい。（すべてできて各5点）

1 □寸《すん》の虫にも□分のたましい（　）

2 □難《なん》去ってまた□難（　）

3 □里の道も□歩から（　）

4 □転び□起き（　）

ア 大きな物事でも、身近なところから始まるということ。

イ 災難《さいなん》を切りぬけてほっとする間もなく、次の災難にみまわれること。

ウ 小さなものにも相応《そうおう》の意地や考えがあるのであなどれないということ。

エ 何度失敗してもくじけずに立ち直ること。

3 次の1〜4のことわざと似《に》た意味のことわざになるように、□にあてはまる言葉を書きなさい。（各5点）

1 さるも木から落ちる ＝ □の川流れ

2 月とすっぽん ＝ □につりがね

3 ぬかにくぎ ＝ □にうで押《お》し

4 ねこに小判《こばん》 ＝ □に真じゅ

4 次の1・2のことわざと、反対の意味のことわざの□にあてはまる言葉の組み合わせとして正しいものを、あとの**ア**〜**エ**の中から一つ選び、（　）に記号を書きなさい。（10点）

1 後は野となれ山となれ ⇔ 立つ□あとをにごさず

2 人を見たらどろぼうと思え ⇔ 渡《わた》る世間に□はない

ア 1 人　2 悪人

イ 1 鳥　2 おに

ウ 1 馬　2 うそ

エ 1 きじ　2 道

（　　）

5 次の1〜5のことわざにあう文を、あとの**ア**〜**オ**の中から一つずつ選び、（　）に記号を書きなさい。（各6点）

1 思い立ったが吉日《きちじつ》（　　）

2 雨ふって地固まる（　　）

3 情《なさ》けは人のためならず（　　）

4 石橋をたたいてわたる（　　）

5 知らぬが仏《ほとけ》（　　）

ア 今度の試合に勝つために、毎日ランニングをしようと決めた。さっそく今日から始めようと思う。

イ 部活で下級生の練習に協力したところ、競技《きょうぎ》における身体の使い方や練習方法に対する自分自身の理解《りかい》も深まった。

ウ 文化祭の出し物を決める会議はもめた。初めはこれで本当にうまくいくのかと心配だったが、かえってきずながが深まったようだ。

エ 姉と弟が楽しそうに遊んでいるが、姉が帰ってくる前、弟は姉が取っておいたケーキをこっそり食べていた。

オ 先日から何度か確認《かくにん》しているが、最後にもう一度電話で確《たし》かめてから実行しようと思う。

17 詩の表現《ひょうげん》方法を理解《りかい》する

詩歌のポイント

学習日　月　日

今回は、詩について学習します。詩とは、作者の感動を印象《いんしょう》的《てき》な言葉や表現技法《ぎほう》を用いて伝える文章です。ここでは、詩に用いられる表現技法について学習しましょう。

●主な詩の表現技法

1 比喩《ひゆ》…ある物事を、よく似《に》たものや関係するものにたとえて表現すること。比喩には次の三種類がある。

・**直喩**…「〜ようだ」「〜みたいな」などの言葉を用いて表すたとえ。

《例》もみじのような手／ほっぺがおもちみたいだ

・**暗喩**（**隠喩《いんゆ》**）…「〜ようだ」「〜みたいな」などの言葉を用いないで表すたとえ。

《例》母はわが家の太陽だ／りんごのほっぺ

・**擬人法《ぎじんほう》**…人間でないものを人間に見立てて表すたとえ。

《例》せんたく物が風にゆられてダンスする

比喩は、たとえられているものの特徴《とくちょう》をおさえるといいよ。たとえば「もみじ」なら、その形や大きさ、色などを思いうかべてね。

2 倒置法《とうちほう》…言葉の順序《じゅんじょ》を入れかえる方法。意味を強めたり、調子を整えたりする。

《例》かけてゆけ、子どもたちよ。

3 反復《はんぷく》法…同じ言葉やよく似た言葉をくり返す方法。意味を強めたり、調子を整えたりする。

《例》飛べ、飛べ。高く、高く。

4 対句《ついく》法…反対の言葉や対になる言葉をならべる方法。対比《たいひ》を表現したり、調子を整えたりする。

《例》右の手には希望、左の手には勇気。

5 体言止め（名詞《めいし》止め）…文の終わりを体言（名詞）で止める方法。意味を強めたり、味わいを残したりする。

《例》聞こえてくるのは、波の音。

6 よびかけ…文をよびかけの形にする方法。

《例》空を飛ぶ鳥よ！

7 省略《しょうりゃく》法…あとに続くはずの言葉を省く方法。味わいを残す。

《例》ふりかえると足あとが。

このほかにも、空白の行を入れて「連」を作ったり、自由に改行するなど、詩の表現上のくふうはたくさんあります。作者の感動の中心をとらえながら、独特《どくとく》な表現を味わいましょう。

例題 次の文章を読んで、あとの問いに答えなさい。

リレー選手

買い物についていったスーパーで
あるとき急にこわくなったんだ
このお魚もあのお肉も
ちょっと前はみんな生きていたんだって

お母さんに言ったら
①「命をもらって生きているのよ」って
「わたしたちは責任重大《せきにんじゅうだい》ね」って

足のおそいぼくは
リレー選手になったことはないけど
そうかぼくは
リレー選手なのかもしれない

②もらったバトンを
落とさないように
転ばないように
にぎりしめて走る
リレー選手なのかもしれない

---

1 ――①で用いられている表現技法はどれですか。次の中から一つ選び、記号を○で囲《かこ》みなさい。

ア 体言止め　**イ** よびかけ
ウ 省略法　**エ** 倒置法

2 ――②とありますが、「もらったバトンを」「にぎりしめて走る／リレー選手」とはどのようなことをたとえているのですか。次の中から一つ選び、記号を○で囲みなさい。

ア いくら足がおそくても苦手なことからにげずに努力を重ね、リレー選手を目指すこと。
イ 人間が動物の命をぎせいにしていることを反省し、魚や肉を食べないようにすること。
ウ 家族や学校の友達とたくさん話し合うことで思いをくみとり、周りの人を大切にすること。
エ 食べることをとおして魚や家畜《かちく》の命を引きつぎ、それらの命の分までけんめいに生きること。

これができるとかっこいい！
「リレー」はどのような競技で、そのどのようなところが「お魚」や「お肉」と関係するのかを考えよう！

詩の表現《ひょうげん》方法を理解《りかい》する

学習日　月　日
得点　／100点

次の詩を読んで、あとの問いに答えなさい。

海の地図

工藤直子《くどうなおこ》

海の地図は　だれがかく?
海の地図は　太陽がかく
①ひかりの棒《ぼう》で　ゆびさしてかく
〽カニや　お前は砂《すな》の家
ウツボ　あんたにゃ　この穴《あな》だ
コンブは　ここらに　はえなさい
そのつきあたりに　イカいなさい
サンゴは　あそこで　きれいにおなり
氷の山は　むこうとこっち
②ツバメの道に　ツルの道
アホウドリには大通り
イワシの広場に　マグロの公園
プランクトンのチビたちは
どどっと走って　ここらであそびな
カメの散歩は　ここらがよかろう
クジラやイルカは　あそこらへん
エビここ　カイあそこ

1 ――①とありますが、これはどのような光景を表現《ひょうげん》したものですか。次の中から一つ選び、記号を○で囲《かこ》みなさい。（20点）

ア 太陽の光線が海の水面に差しこんでいる光景。
イ 雨が光のつぶになって海へと落ちていく光景。
ウ 太陽が雲にかくれて海が暗くかげっている光景。
エ 海に反射《はんしゃ》した太陽の光が空へのぼっていく光景。

2 ――②の表現上のくふうとしてあわないものを次の中から一つ選び、記号を○で囲みなさい。（20点）

ア 「ツバメ」の「ツ」と「ツル」の「ツ」と、同じ音を重ねることで、言葉の調子を整えている。
イ 「アホウドリ」の「ドリ」と「大通り」の「ドーリ」という似《に》た音を重ねることで、言葉の調子を整えている。
ウ 「アホウドリ」を「大通り」にたとえることで、読者に意外なおどろきをあたえている。
エ 五音と七音の言葉を集めることで、詩にリズムを生み出している。

ヒトデそっち　クラゲこっち
ココ・ソコ・アソコ・ドコ？
アッチ・コッチ・ソッチ・ドッチ……
何千何億の　年のながれのなかで
何千何億の　いのちの配置きまり
太陽に見まもられて
③海の地図は　にぎやか

工藤直子《くどうなおこ》「海の地図」
（萩原昌好《はぎわらまさよし》編《へん》『日本語を味わう名詩入門18　工藤直子』所収《しょしゅう》　あすなろ書房刊《しょぼうかん》）

---

3 ――③とありますが、「海の地図」とは何を指しているのですか。次の文の□にあてはまる言葉を、文中からそれぞれ五字と六字で書きぬきなさい。（各20点）

何千何億という□□□□□を経《へ》て
決められた、何千何億もの海の生き物たちの□□□□□□。

4 この詩の説明として正しいものを次の中から一つ選び、記号を○で囲みなさい。（20点）

ア　時代による海の変化を、海に生きるさまざまな生き物たちを擬人化《ぎじんか》して語らせることできめ細かくえがいている。

イ　生き物が織《お》りなす海の生態系《せいたいけい》を、太陽が生き物に指示《しじ》を出すことで生まれたものとしておもしろくえがいている。

ウ　おだやかだったりあれたりして変化に富《と》んだ海の様子を、さまざまな生き物たちの言葉をとおしてえがいている。

エ　長い時間をかけて築《きず》かれた海の環境《かんきょう》がこわされていく悲劇《ひげき》を、擬人化された太陽の言葉をとおしてえがいている。

学習日　月　日
得点　／100点

ポイント

言葉は、何を表しているか、どのようなはたらきをしているかによって、いくつかの種類に分けることができます。

また、言葉には、いつでも形が同じものと、使い方によって形が変わるものがあります。「話す」「話さ（ない）」「話し（ます）」などのように、あとに続く言葉によって言葉の形が変わることを「活用」といいます。

●名詞《めいし》（物やことがらの名前を表す言葉）
・あとにどんな言葉が続いても形は変わりません。
・名詞にはいくつか種類（普通《ふつう》名詞・固有名詞・数詞・代名詞）があります。人名や国名、数字なども名詞です。
・主語になることができます。
《例》本・動物・アメリカ・富士山《ふじさん》・五本・わたし・それ

●動詞（動作や存在《そんざい》などを表す言葉）
・あとに続く言葉によって、形が変わります。（活用する言葉）
・終止形（言い切り）は「ウ段《だん》」の音で終わります。
《例》歩く・学ぶ・起きる・植える・来る・勉強する

●形容詞《けいようし》（様子や性質《せいしつ》を表す言葉）
・あとに続く言葉によって、形が変わります。（活用する言葉）
・終止形（言い切り）は「い」で終わります。
《例》おいしい・赤い・多い・早い

●形容動詞（様子や性質を表す言葉）
・あとに続く言葉によって、形が変わります。（活用する言葉）
・終止形（言い切り）は「だ」で終わります。
《例》静かだ・にぎやかだ・やわらかだ

●形の変わる（活用する）言葉の例

	動詞「書く」	形容詞「明るい」	形容動詞「清らかだ」
未然形	書か（ない） 書こ（う）	明るかろ（う）	清らかだろ（う）
連用形	書き（ます） 書い（た）	明るかっ（た） 明るく（なる）	清らかだっ（た） 清らかで（ない） 清らかに（なる）
終止形	書く（。）	明るい（。）	清らかだ（。）
連体形	書く（とき）	明るい（とき）	清らかな（とき）
仮定形	書け（ば）	明るけれ（ば）	清らかなら（ば）
命令形	書け（。）		

1 次の各組みの言葉の中で、ほかと言葉の種類がちがうものを一つずつ選び、〇で囲《かこ》みなさい。（各3点）

1 信じる　おおげさだ　ほがらかだ　ゆるやかだ

2 うす暗い　なつかしい　あれ　こわい

3 夏休み　遊園地　願い　正しい

4 運転する　明らかだ　思い出す　引く

2 次の文の――の言葉の種類が名詞なら**ア**、動詞なら**イ**、形容詞なら**ウ**、形容動詞なら**エ**を（　）に書きなさい。（各4点）

1 夕焼けに　そまる　きれいな　海岸を　ながめる。

（　）（　）（　）（　）（　）

2 ここは、冬の　寒さは　きびしいが、夏には　さわやかな　風が　ふく　町だ。

（　）（　）（　）（　）（　）（　）（　）（　）

3 次の文の――の言葉を、言い切りの形（終止形）に直して□に書きなさい。（各5点）

1 主役を見事に演《えん》じる。

2 敵《てき》は思ったより強かった。

4 次の言葉を□にあう形に活用させて、書きなさい。（各6点）

1 おだやかだ　→　友人は□性格《せいかく》だ。

2 軽い　→　もう少し□ば、運べる。

5 次の文の中から動詞をすべてぬき出し、言い切りの形（終止形）に直して□に書きなさい。（すべてできて10点）

・かれは、時間におくれずにむかえに来たようだ。

学習日　月　日
得点　／100点

ポイント

用言（動詞・形容詞《けいようし》・形容動詞）や体言（名詞）などについて、いろいろな意味をつけ加える単語を**助動詞**といいます。

助動詞は、必ずほかの単語のあとについて使われます。また、あとに続く言葉によって、形が変わる（活用する）単語です。

ここでは、「れる・られる」「せる・させる」を学習しましょう。

●れる・られる

次の四つの意味を表します。

・**受け身**……ほかから動作を受ける意味を表す。
《例》母に起こされる。／両親にほめられる。

・**可能**《かのう》……「〜できる」という意味を表す。
《例》近いので歩いて行かれる。（「行ける」は可能動詞。）

遠くまで投げられる。

・**自発**……動作や作用が自然に起こるという意味を表す。
《例》昨日のことが思い出される。

あたたかい日差しに春の気配が感じられる。

・**尊敬**《そんけい》……その動作をする人を尊敬する意味を表す。
《例》先生が話される。／市長が車で来られる。

●せる・させる

・**使役**《しえき》……ほかのものに、何かの動作をさせる意味を表す。
《例》親が、子どもに薬を飲ませる。

弟に駅まで来させる。

●「れる・られる」「せる・させる」の使い分け

「れる」と「られる」、「せる」と「させる」のどちらを使うかは、前にある動詞の種類によって決まります。見分けるときは、**前にある動詞に「ない」をつけて確《たし》かめましょう。**

・**「ない」の直前がア段《だん》の音になる場合**
……原則《げんそく》「れる」「せる」を使う。

《例》言う（言わない）→言われる／言わせる

・**「ない」の直前がア段以外の音になる場合**
……原則「られる」「させる」を使う。

《例》考える（考えない）→考えられる／考えさせる

たとえば、「食べられる」とすべきところを「食べれる」とすると、「ら」が抜《ぬ》けた「らぬき言葉」となり、あやまりですので注意しましょう。

1 次の文の――の動詞を、使役の助動詞を使う形に書き直しなさい。（各6点）

1 おくれないように急ぐ。

2 寒いので上着を着る。

2 次の文の――の助動詞の意味を、あとのア～エの中から一つずつ選び、（　）に記号を書きなさい。（各8点）

1 わすれものが多くて、母にしかられる。（　）

2 今のままでは、かれの将来《しょうらい》が案じられる。（　）

3 この方法なら効率《こうりつ》よく覚えられる。（　）

4 お客様は、午後三時に出発される。（　）

5 この模型《もけい》は、一時間あれば組み立てられる。（　）

6 社長が海外で絵画《かいが》を買われる。（　）

ア 受け身　イ 可能　ウ 自発　エ 尊敬

3 次のア～ウの――の助動詞の中で、ほかと意味がちがうものを一つずつ選び、記号を○で囲《かこ》みなさい。（各10点）

1
ア いつも周囲《しゅうい》の人々に助けられる。
イ 妹におやつを全部食べられてしまう。
ウ かのじょになら安心して任《まか》せられるだろう。

2
ア 先生に名前をよばれるとどきどきする。
イ マイクの前に先生が立たれるのを待つ。
ウ 私は、先生に用事をたのまれることが多い。

3
ア 失敗をみんなから責《せ》められた。
イ その話は簡単《かんたん》には信じられない。
ウ かれは鉄板を曲げられるほど力が強い。

4 次の文を、（　）の指示《しじ》にしたがって、「使役」の意味を表す文に書き直しなさい。（10点）

・部員たちが運動場を走る。
（「先生がさせる」という意味になるように）

学習日　月　日
得点　／100点

ここでは、「れる・られる」「せる・させる」以外の助動詞（用言や体言について意味をつけ加える単語）について学びましょう。

ポイント

●そうだ
・様態《ようたい》……そういう様子だという意味を表す。
《例》試合が再開《さいかい》しそうだ。
・伝聞……他人から聞いたという意味を表す。
《例》試合を再開するそうだ。

●ようだ
・たとえ……何かを似《に》たものにたとえる意味を表す。
《例》それはまるで夢《ゆめ》のようだ。
・推定《すいてい》……不確《ふたし》かだが根拠《こんきょ》にもとづいておしはかる意味を表す。
《例》どうやらこの話を知っているようだ。

●た（だ）……すでに過《す》ぎ去った「過去《かこ》」の意味を表す。
《例》昨日、興味《きょうみ》深い話を聞いた。
※「読んだ」などの「だ」は、「た」がにごったものです。

●だ……物事をそうであると言い切る「断定《だんてい》」の意味を表す。
《例》ここがぼくの家だ。

●ない・ぬ……「～ない」という「打ち消し」の意味を表す。
《例》その事実を知らない。／わたしは行かぬ。
「ない」の部分に、打ち消しの意味をもつ「ぬ」をあてはめたとき、意味がとおるものは助動詞の「ない」、意味がとおらないものは形容詞《けいようし》の「ない」です。
《例》星が見えない。→ ○星が見えぬ。（助動詞）
時間がない。→ ×時間がぬ。（形容詞）

●う・よう
・推量……確かでないことをおしはかる意味を表す。
《例》その数では足りないだろう。
・意志《いし》・かんゆう……話し手の「意志」や、相手にさそいかける「かんゆう」の意味を表す。
《例》勉強しよう。（意志）／いっしょに見よう。（かんゆう）

●たい・たがる……「～したい」という「希望」の意味を表す。
《例》私は本を読みたい。／弟はパンを食べたがる。

1 ――の「ない」が打ち消しの助動詞であるものを、次の**ア**～**カ**の中からすべて選び、記号を○で囲《かこ》みなさい。（すべてできて10点）

ア 会わない　**イ** おもしろくない　**ウ** 食べない

エ きたない　**オ** リモコンがない　**カ** 寒くない

2 次の□の意味で使われている助動詞は、**ア**・**イ**のどちらですか。記号を○で囲みなさい。（各10点）

1 伝聞
ア 参加者は前回より多いそうだ。
イ 今日は花見客が大勢《おおぜい》いそうだ。

2 たとえ
ア 友人には弟が二人いるようだ。
イ 友人のはだの白さは雪のようだ。

3 断定
ア 昔はよくこの公園で遊んだ。
イ ここは昔よく遊んだ公園だ。

知っていたらかっこいい！

「そうだ」の前の言葉に着目すると、「伝聞」か「様態」かを見分けることができるよ。

・「伝聞」の「そうだ」…終止形につく。
・「様態」の「そうだ」…動詞の連用形などにつく。

3 次の文の――の助動詞の意味を、あとの**ア**～**オ**の中から一つずつ選び、（　）に記号を書きなさい。（各8点）

1 さあ、あなたの意見をじっくり聞こう。（　）
2 この調子でいけば何とか間に合いそうだ。（　）
3 駅前の長期工事もそろそろ完成するだろう。（　）
4 弟は、ぼくのまねばかりしたがる。（　）
5 旅先から同級生に手紙を書いた。（　）

ア 過去　**イ** 希望　**ウ** 推量　**エ** 意志　**オ** 様態

4 次の文の――の言葉を、（　）の意味を表す助動詞を使って、書き直しなさい。（各10点）

1 わたしは将来《しょうらい》、海外に住む。（希望）
2 ニュースによると、今夜台風が日本列島に上陸する。（伝聞）

22

複雑《ふくざつ》な心情《しんじょう》を読み取る

物語のポイント

学習日　月　日

今回は、登場人物の複雑な心情を読み取るポイントを学びます。人の気持ちは、簡単《かんたん》ではありません。「うれしいけれど悲しい」のように複数《ふくすう》の気持ちが入《い》り混《ま》じっていたり、「悲しいけれど笑顔をうかべる」のように、行動や表情《ひょうじょう》と気持ちがことなったりすることがあります。そのような複雑な心情を読み取ることで、物語をより深く味わうことができます。

●気持ちの読み取り方の復習《ふくしゅう》

気持ちの読み取り方は、第7回「気持ちの変化を読み取る」でも学習しました。ここでもう一度復習しておきましょう。

(1)行動・表情　《例》：何度もばんざいをした→喜《よろこ》び
　　　　　　　　　　　くちびるをかみしめた→くやしさ
(2)発言・口調　《例》：「勝手にしろ」とはきすてた→いかり
(3)情景描写《じょうけいびょうしゃ》　《例》：雨上がりの空ににじがかかった→希望

これらに着目すると、気持ちが読み取れるんだね。「うれしかった」「くやしい」のように、気持ちが直接《ちょくせつ》書かれていることもあるよ。

●複雑な心情の読み取り方

はじめにも述《の》べたように、心情には、「複数の気持ちが入り混じっている」「行動や表情と気持ちがことなっている」のような複雑なものがあります。それらをどのように読み取っていけばよいか考えましょう。

・**直接書かれている部分から読み取る**

《例》：「うれしさとくやしさがぐちゃぐちゃだ。」

→直接書かれている気持ちから、「うれしいけれどくやしい」という複雑な心情が読み取れます。

・**態度《たいど》と言葉があわない部分や、心の中の声と実際《じっさい》に話していることがちがう部分に注目する**

《例》：（転んでしまった妹に対して兄が）「『おまえは本当にまぬけだな』と言いながらやさしく助け起こした。」

→口では妹をばかにしながらも、本当は大切に思っている兄の心情が読み取れます。

・**複雑な心情になる原因《げんいん》となるできごとや背景《はいけい》を読み取る**

《例》：親友に「児童会役員に立候補《りっこうほ》する」と打ち明けられた。実は自分も児童会役員になりたかったのだが、言えない。

→自分も本当は児童会役員になりたいのに、親友を応援《おうえん》するなど、行動と気持ちがことなる原因になりそうですね。

例題　次の文章を読んで、あとの問いに答えなさい。

「代表選手、最後の一人は……拓哉《たくや》！　しっかりやれよ。」

夢《ゆめ》のような気持ちでユニフォームを受け取ると、圭介《けいすけ》の姿《すがた》が目に入った。みんながにぎやかに話す中、圭介はじっと前を見たままだ。その目には何もうつっていないようだった。

二人でいっしょに選手に選ばれる。そう目標を立て、二人は毎日毎日、練習に明けくれた。圭介の真剣《しんけん》な表情から、拓哉は圭介のなみなみならぬ決意を感じていた。その圭介の夢が今、くだけ散ったのだ。拓哉にはかける言葉もなかった。

ところが、コーチが試合の日の注意点を話して解散《かいさん》になると、①圭介は不自然な笑顔《えがお》で拓哉に話しかけてきたのだ。

「やったじゃんか。がんばってちょうだいよ、拓哉選手〜。」

そのおどけたような口調に、拓哉はかっとした。

「なんだよ、気持ちわりぃな。話しかけんなよ！」

言いながら拓哉は、(ちがうちがう！)と心の中でさけんでいた。圭介は、自分のことを気にして、おれが試合で活躍《かつやく》できなくなることをおそれているのだ。だからわざとおどけている。

でも……。圭介のくやしさは、拓哉のくやしさでもあるのだ。くやしいなら、くやしいって言ってくれよ。なんでおれじゃなくてお前なんだって、言ってくれよ。おれに気なんかつかうなよ！　②拓哉はうれしいのか、くやしいのか、おこりたいのか、もうわけがわからなかった。

1 ——①とありますが、このときの圭介の気持ちとしてあうものを次の中から一つ選び、記号を○で囲《かこ》みなさい。

ア　今回は拓哉が選手に選ばれたが、自分のほうが実力は上だと信じており、心の中で拓哉のことをばかにしている。

イ　選手になれなかったくやしさを表に出せば、拓哉が試合で力を出せないかもしれないので、平気なふりをしている。

ウ　努力が報《むく》われなかったのは残念だが、持ち前の前向きな性格《せいかく》ですぐに気持ちを切りかえ、試合を楽しみにしている。

エ　自分が選ばれないのが納得《なっとく》できず、コーチへのいかりでいっぱいだが、それをコーチでなく拓哉にぶつけている。

2 ——②とありますが、拓哉がこのような気持ちになったのはなぜですか。次の中から一つ選び、記号を○で囲みなさい。

ア　目標どおり選手になれたことはうれしいが、そのためにひきょうな手段《しゅだん》を使ってしまったことを後悔《こうかい》している。

イ　圭介が選手に選ばれなかったことはうれしいが、その気持ちをかくしていい子ぶっている自分におこっている。

ウ　圭介が自分を応援してくれるのはうれしいが、すでに緊《きん》張《ちょう》していて期待にこたえられそうにない自分を情《なさ》けなく思っている。

エ　選手になれたのはうれしいが、圭介のくやしさを自分のもののように感じ、圭介が自分のために無理をしているのをはがゆく思っている。

23 複雑《ふくざつ》な心情《しんじょう》を読み取る ①

物語

学習日　月　日
得点　／100点

次の文章を読んで、あとの問いに答えなさい。

【南沢中《みなみさわちゅう》陸上部のキャプテンである「わたし（真歩《まほ》）」は、リレー競《きょう》技《ぎ》でチームBに回され不満を感じていた。主力のチームAには、先生に期待されている一年生・美羽留《みはる》が入った。】

「ねえ、今日の試合の意味わかってるの？　どうして南沢中から二チーム、リレー出してるか」

「そりゃ、美羽留をチームAで走らせたいからでしょ」

「ちがうよ。西中《にしちゅう》だって三池中《みいけちゅう》だって、女子だけで部員二十人はいるよ。それが十一人しかいないウチが二チーム出してるって、おかしいと思わない」

「そりゃ、ちょっとは……」

「立花《たちばな》先生がゴリおししたんだよ、きっと。今日の試合を、符音《ふおん》の引退《いんたい》試合にしようって。符音にリレーのよさも伝えたくって。符音ってさ、いつもひとりで走ってたじゃない。そしていつもひとりで自分を追いつめてた。陸部やめるのだってひとりで決めて。でも、こういう生き方もあるから覚えておけよって、①先生なりのメッセージだと思うよ。ちがう？」

「……………」

「しかもいちばん仲のよかった真歩に、アンカー任《まか》せたんだよ。ただ勝つためなら、沙凪《さなぎ》が行くよ。葉月《はづき》でもいいよ。わたしだっていくよ。でも真歩じゃなきゃダメなんだよ。なん

1　――①とありますが、だれに対するどのようなメッセージですか。書きなさい。（30点）

［　　　　　　　　　　］

2　――②とありますが、このときの「わたし」の気持ちとしてあてはまるものを次の中から一つ選び、記号を○で囲みなさい。（20点）

ア　あこがれていたみらいに声をかけてもらったことに緊張《きんちょう》し、本来の自分を出せずにいる。

イ　思いこみで的外れなことを言って自分のことを責《せ》めるみらいに強いいかりを覚えている。

ウ　キャプテンである自分に対してえらそうに指図をするみらいにあきれ、言葉を失っている。

エ　先生の意図を深くくみ取ったみらいに反論《はんろん》できず、自分の考えのあささに気づいて反省している。

3　――③とありますが、このときの「わたし」の様子を説明したものとしてあてはまるものを次の中から一つ選び、記号を○で囲みなさい。（20点）

でダメなのか考えろよ」
②何も言えなかった。みらいの目を見ることさえできなかった。みんながいるブルーシートへもどる。③ぼんやりしていた頭の中のきりが、すっと晴れた。結果をおそれるどころか、求めようともしていなかった。
「大丈夫《だいじょうぶ》だった?」

沙凪が気づかってくれた。

「ぜんぜん。あ、符音、サブトラ行こうか」

「うん」

符音の笑顔《えがお》に救《すく》われる。わたしのことを心から信じてくれている。虹《にじ》が笑ったら、たぶんあんな笑顔になるのだろう。

「バトンつまってもいいから、符音はギリギリまでうでふって走ってきて。わたしは大丈夫だから。ただバトンをつなぐことだけ考えて走ったらいいから」

「うん。なんか今日のキャプテン、いちだんとたのもしいね」

「あはっ。それから二走の美玲《みれい》にいちばん長く走らせたいから、つぐみは早めにバトンつなご」

「ハイ!　チームAに勝てるかも」

つぐみが言うと、

「ちがうよ。勝ちにいくんだよ」

美玲が返す。

気合が入って、一時間の間に円陣《えんじん》を組むまでになった。

「④チームB最高!」

「おう!」

ア　自分がアンカーを任されたことに不安を感じていたが、いつもの自信を取りもどして前向きになっている。

イ　符音の引退試合をよい形でしめくくるために自分がすべきことがはっきりとわかり、迷《まよ》いがなくなっている。

ウ　仲のよい符音が陸上部をやめないように、今日の試合で勝利をおさめようと気合いが入っている。

エ　チームBを強くするためにどうしたらよいかずっと考え続けていたが、とうとうその答えが見つかり興奮《こうふん》している。

4　――④とありますが、このような気持ちになるまでの「わたし」の心情の変化を次のように説明しました。□にあてはまる言葉を、文中からそれぞれ二十五字と七字で書きぬきなさい。（各15点）

美羽留をチームAに入れるために自分はチームBに回されたと思いこみ、この日の試合に対して

□□□□□□□□□□□□□□□□□□□□□□□□□

が、みらいの言葉によって自分の役割《やくわり》を自覚して前向きになり、チームAに対しても

□□□□□□□

という気持ちが生まれた。

《出典》村上《むらかみ》しいこ『ダッシュ!』（講談社刊《こうだんしゃかん》）

24 複雑《ふくざつ》な心情《しんじょう》を読み取る ②

物語　漢字の学習

学習日　月　日　得点　／100点

次の文章を読んで、あとの問いに答えなさい。

【「おれ」（篠崎《しのざき》）と大和田《おおわだ》は、園芸部の活動中、段《だん》ボール箱をかぶって学校の相談室に登校する庄司《しょうじ》と知り合った。夏休み、三人でキャンプファイヤーをしていたところ、庄司のかぶっている箱に火がつき、庄司は箱を初めてぬいだ。】

オレンジ色のほのおが、庄司の顔を照らしている。まゆが太く、目が二重《ふたえ》ですごく大きい。鼻も高くて、くっきりとした顔だ。全然コンプレックスを持つような顔じゃない。好みは分かれるにしても、かっこいいといわれる顔だ。

「なんだよ。おまえ、いい顔してるじゃん」

①大和田もひょうしぬけしたらしい。でも庄司は深刻《しんこく》そうな顔だ。

「以前、篠崎くんには話をしましたが、この顔のことで中学のとき、いろいろやられたんです。そのときのいちばんいやだったのが、出木杉《できすぎ》だということなんです」

「できすぎって、それ自慢《じまん》か」

「ちがいます！」

庄司がどなった。

「出木杉くんって、ドラえもんに出てくる顔がこいやつがいるじゃないですか。あれです、あれに似《に》てるって、ずっとからかわれていたんです」

1 ——①とありますが、なぜひょうしぬけしたのですか。次の文の□にあてはまる言葉を、文中からそれぞれ十四字と十一字で書きぬきなさい。（各10点）

ずっと箱でかくしていた庄司の顔が、□□□□□□□□□□□□□□ではなく、□□□□□□□□□□□だったから。

2 ——②とありますが、庄司はなぜ箱をかぶるようになったのですか。書きなさい。（20点）

3 ——③とありますが、どのようなことにあきれたのですか。次の中から一つ選び、記号を○で囲《かこ》みなさい。（10点）

ア　庄司が無意識《むいしき》のうちに自分のすばらしさを自慢しすぎていること。

イ　庄司が不良たちの暴力《ぼうりょく》におびえてさからうことなくにげたこと。

本当だ。そういわれたらそっくりだ。まゆ毛がこく、絵にかいたような二重でぱっちりとした目、すじの通った鼻。うまいネーミングに思わずうなりそうになる。

「これも篠崎くんには前にいいましたけど、大和田くんに似たクラスメイトが何人かいたんです。いわゆる不良です。いえ、今はもちろん大和田くんとはちがうことは知っていますが。そいつらがぼくの顔のことをいろいろいったんです。なぐられたこともありました。それでぼくは学校にいけなくなったんです。それから②外に出るときは箱をかぶるようになったんです。それに、ぼくの下の名前、知ってますよね。二人がどう思っているか、わかりませんが、いまどき善男《よしお》っていうんです」

庄司はさらに深刻そうな顔になる。

「庄司善男……。これは親をうらみます。そのうえこの漫画《まんが》みたいな顔、自分でもいやになります。ドラえもんの出木杉くんは、勉強もスポーツもできて性格《せいかく》も明るくていいやつだけど、ぼくはちがいます。似ているのは、顔のつくりと勉強が得意《とくい》なことだけです。スポーツは得意じゃないし、性格も暗い」

「顔も名前もたいしたことじゃねえじゃん、おれには＊ＢＢのなやみがさっぱりわからんな。なにが問題なんだ。なんで箱かぶんなきゃいけないんだよ」

③大和田があきれたようにいうと、庄司が頭を強くふった。

「顔と名前をからかわれるんですよ！　この気持ち、大和田くんにはわからないんです！」

「でも今、おまえのことをからかうやつはいないだろ！」

ウ　庄司が親を大切にするどころかかえってうらみに思っていること。

エ　庄司が気にしなくてもよい小さなことを気にしすぎていること。

4　――④とありますが、「おれ」はなぜ庄司のかぶっていた箱を燃やしたのですか。書きなさい。（20点）

〔　　　　　　　　〕

5　――⑤とありますが、庄司はなぜ箱をぬぐことができてよかったと感じたのですか。次の中から一つ選び、記号を○で囲みなさい。（10点）

ア　小さなはちに植えられている植物と同じように、自分にあたえられた環境《かんきょう》で生きていけそうだから。

イ　大きなはちに植えかえられた植物と同じように、自分の可能性《かのうせい》をこれまでより広げられそうだから。

ウ　自分では動けない植物と同じように、周りの人に助けてもらって困難《こんなん》を乗りこえられそうだから。

エ　急に大きく育つ植物と同じように、これまでほとんどいなかった友人の数が一気に増《ふ》えそうだから。

次のページに続きます。

大和田もどなり返した。

「いいか、よく聞け。おまえは変人だ。おまえは頭がいい。おまえは意外に行動力がある。そしてちょっと暗い。でも、おれはおまえのことがきらいじゃない。顔も名前も関係ねえよ」

庄司はだまった。ほのおが小さくなり、あっというまに灰《はい》の上でわずかに燃《も》えているだけになる。おれは庄司の箱を見た。箱は地面にたたきつけられたしょうげきのせいか、火が途《と》中《ちゅう》で消えている。④立ち上がり、箱を拾い上げた。キャンプファイヤーの火の中に放り入れる。箱に火が燃えうつり、また明るいほのおがたちはじめた。

「もう箱はいらないよね。大和田がいったように今、庄司をからかうやつはいないんだから」

庄司が小さくうなずいた。

「……植物を大きなはちに植えかえると、急に大きくなりますよね。あれを見ていつも思っていたんです。それまではははちに合わせて小さく生きていたんだなって」

「箱、ぬげてよかったじゃん」

大和田が明るい声でいった。

「⑤よかったです」

「できたら、その丁寧語《ていねいご》もやめろ」

「いえ、これはやめられません」

「そうか、おまえは頑固《がんこ》だという一文もつけくわえてやる」

「けっこうです」

思わずおれがふきだすと、大和田と庄司も笑いだした。

---

6 庄司と大和田の関係を説明したものとしてあてはまるものを次の中から一つ選び、記号を○で囲みなさい。（20点）

ア 大和田はかつては庄司のことをいじめていたが、今は反省し、庄司も大和田のことを許《ゆる》して受け入れている。

イ 大和田は、自分とは正反対の庄司にあこがれると同時に反発し、庄司の言葉をすなおに聞くことができずにいる。

ウ 大和田は庄司と性格はちがうが、庄司をありのまま受け入れており、それが庄司に新たな一歩をふみ出させた。

エ 大和田は実は庄司のことが好きなのにそれをすなおに伝えられず、二人の会話はいつも口論《こうろん》に発展《はってん》してしまう。

《出典》魚住直子《うおずみなおこ》『園芸少年』（講談社刊《こうだんしゃかん》）

＊BB＝大和田が庄司につけたあだ名で、ボックス・ボーイの略《りゃく》。

練習しよう

□には漢字を、（　）には送りがなを書きなさい。

1 新しい方法を□□《ていあん》する。

2 身長を□□《そくてい》する。

3 開業の□□《しきん》を集める。

4 ここは立ち入り□□《きんし》だ。

5 問題を□□《かいけつ》する。

6 □□《ぎむ》教育を受ける。

7 夕食の□□《じゅんび》をする。

8 落ち着いた□□《たいど》。

9 □□《じっさい》に起こったできごと。

10 □□《ふくざつ》な気持ちになる。

11 新生活に□（　）《なれる》。

12 毎年人口が□（　）《ふえる》。

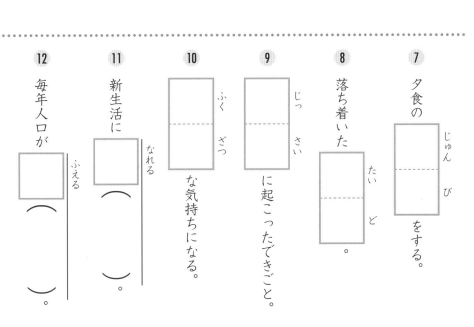

25 熟語《じゅくご》 ①

学習日　月　日
得点　／100点

ポイント

熟語（二つ以上の漢字が組み合わさって一つの言葉になったもの）の組み立てには、次のような種類があります。

●反対や対《つい》の意味の漢字を組み合わせたもの
《例》 前後（前⇔後ろ）　強弱（強い⇔弱い）

●似《に》た意味の漢字を組み合わせたもの
《例》 移動《いどう》（移《うつ》る＋動く）　豊富《ほうふ》（豊《ゆた》か＋富《と》む）

●上の漢字が下の漢字を修飾《しゅうしょく》（説明）する関係にあるもの
《例》 温水（温かい→水）　新人（新しい→人）

●「〜を」「〜に」という形で、下の漢字から上の漢字にかえって読むと意味が通じるもの
《例》 閉店《へいてん》（店を閉《し》める）　着席（席に着く）

●上の漢字と下の漢字が主語・述語《じゅつご》の関係にあるもの
《例》 国立（国が立てる）　人造《じんぞう》（人が造《つく》る）

●上に「不・非《ひ》・未・無・否《ひ》」などの語がつくことによって、下の漢字の意味を打ち消す関係になっているもの
《例》 無言（無＋言う→言わない）
不幸（不＋幸→幸せでない）

---

1 次の①〜②は「反対や対の意味の漢字を組み合わせた熟語」、③〜④は「似た意味の漢字を組み合わせた熟語」、⑤〜⑥は「上に打ち消しの語がつく熟語」になるように、あてはまる漢字を下の[　]の中から一つずつ選び、□に書きなさい。なお、同じ漢字は二回使えません。（各4点）

① □負　② 左□
③ □則《そく》　④ 増《ぞう》□
⑤ □限《げん》　⑥ □便

[去　不　規《き》　未　右　勝　無　加　非　減《げん》]

2 次の熟語の種類をあとのア〜ウの中から一つずつ選び、（　）に記号を書きなさい。（各4点）

① 青空（　　）　② 乗車（　　）　③ 日照（　　）

ア 下の漢字から上の漢字にかえって読むと意味が通じるもの
イ 上の漢字が下の漢字を修飾（説明）する関係にあるもの
ウ 上の漢字と下の漢字が主語・述語の関係にあるもの

3 次の熟語と同じ組み立てのものをあとの**ア**〜**カ**の中から一つずつ選び、（　）に記号を書きなさい。（各4点）

1 高低（　　）　2 県営《けんえい》（　　）　3 非常《ひじょう》（　　）

4 登山（　　）　5 記述（　　）　6 親友（　　）

ア 軽重　**イ** 読書　**ウ** 曲線

エ 表現《ひょうげん》　**オ** 不足　**カ** 気長

4 次の意味の四字熟語になるように、□にあう漢数字を書きなさい。また、読み方をひらがなで□に書きなさい。（すべてできて各5点）

1 ずっと遠くまで、ひとめで見わたせること。

□望□里　［　　　　］

2 考えや好みなどが、人それぞれちがっていること。

□人□色　［　　　　］

5 次の文の——の四字熟語には、漢字のまちがいが一字ずつふくまれています。まちがいを直して四字熟語を正しく書きなさい。（各6点）

1 今度こそ絶対絶命《ぜったいぜつめい》のピンチだ。　［　　　　］

2 約束を守らないなんて言語同断《ごんごどうだん》だ。　［　　　　］

6 次の文の意味にあう四字熟語をあとの**ア**〜**ウ**の中から一つずつ選び、（　）に記号を書きなさい。（各6点）

1 目先のちがいにとらわれ、結局同じであることに気がつかないこと。（　　）

2 小さなことを大げさに言うこと。（　　）

3 多くの人が同じことを言うこと。（　　）

ア 針小棒大《しんしょうぼうだい》　**イ** 異口同音《いくどうおん》　**ウ** 朝三暮四《ちょうさんぼし》

26 熟語《じゅくご》 ②

言葉のきまり

学習日　月　日　得点　／100点

1 次の熟語の読み方の種類をあとの**ア**～**エ**の中から一つずつ選び、□に記号を書きなさい。また、組み立ての種類をあとの**あ**～**お**の中から一つずつ選び、（　）に記号を書きなさい。（各3点）

① 苦労 □・（　）
② 野宿 □・（　）
③ 円高 □・（　）
④ 親子 □・（　）

ア 上下とも音読みのもの
イ 上下とも訓読みのもの
ウ 上が音読み、下が訓読みのもの（重箱読み）
エ 上が訓読み、下が音読みのもの（湯桶《ゆとう》読み）

あ 反対や対《つい》の意味の漢字を組み合わせたもの
い 似《に》た意味の漢字を組み合わせたもの
う 上の漢字が下の漢字を修飾《しゅうしょく》（説明）する関係にあるもの
え 「～を」「～に」という形で、下の漢字から上の漢字にかえって読むと意味が通じるもの
お 上の漢字と下の漢字が主語・述語《じゅつご》の関係にあるもの

2 次の熟語と読み方の種類が同じものをあとの**ア**～**ク**の中から二つずつ選び、（　）に記号を書きなさい。（各3点）

① 学校（　）（　）
② 建物（　）（　）
③ 役場（　）（　）
④ 店番（　）（　）

ア 朝礼　**イ** 新芽　**ウ** 道順　**エ** 絵筆
オ 花束　**カ** 係員　**キ** 加速　**ク** 名札

3 次の文の――の熟語は特別な読み方をします。読み方をひらがなで□に書きなさい。（各2点）

① わたしは眼鏡をかけている。
② 弟はクイズ博士といわれている。
③ 真面目な顔をして話す。

4 次の文章の――①～⑧は特別な読み方をする熟語です。①～④は漢字に、⑤～⑧はひらがなに直して□に書きなさい。なお、送りがなが必要なものは送りがなも書きなさい。（各3点）

①ことしのぼくの誕生日《たんじょうび》は、家でパーティーをしてもらった。ぼくは、母の②てつだいで③やおやさんに野菜と④くだものを買いに行った。ケーキは、⑤昨日姉が作ってくれていた。とても⑥上手にできていてびっくりした。

⑦部屋をかざりつけ、料理ができたところで父が帰ってきてパーティーが始まった。プレゼントは、以前からほしかった⑧時計だった。とても楽しい誕生日パーティーだった。

① □　② □

③ □　④ □

⑤ □　⑥ □

⑦ □　⑧ □

5 熟語になることにより読み方が変わる漢字があります。《例》にならって、もとの――の漢字の読み方と、熟語の読み方をひらがなで□に書きなさい。また、その読み方の種類をあとの**ア**～**エ**から一つずつ選び、（　）に記号を書きなさい。（各2点）

《例》船出　ふね ＋ で ＝ ふなで ・（**イ**）

1 風上　□ ＋かみ＝ □ ・（　）

2 雨具　□ ＋ぐ＝ □ ・（　）

ア 音読み＋音読み　**イ** 訓読み＋訓読み

ウ 音読み＋訓読み　**エ** 訓読み＋音読み

6 次の□に漢字一字を入れ、↓にしたがって読むと、二字熟語がそれぞれ四つできます。□に入る漢字一字を書きなさい。（各5点）

1

物 → □

□ → 色

□ → 楽

□ → 読

2

新 → □

□ → 風

□ → 分

□ → 雨

27 筆者の経験《けいけん》と感想を読み取る

随筆《ずいひつ》のポイント

学習日　月　日

今回は、随筆での筆者の経験と感想の読み取り方を学習します。まずは、随筆とはどんな文章なのかを確認《かくにん》しましょう。

●随筆とは

随筆は、エッセイともいいます。物語と同じように「文学的文章」にふくまれますが、説明文のようなところもあります。それは自分の経験や見たり聞いたりしたことに対して、筆者が自分の考えや感想・気持ちを述《の》べている文章だからです。この考えや感想が随筆の「主題」（内容《ないよう》の中心）となります。

では、随筆の基本的《きほんてき》な構成《こうせい》を確認しましょう。

・筆者の経験
・筆者が見たり聞いたりしたこと
・世の中の出来事

⇧

筆者の考え・感想

＝

主題

経験と感想をしっかり区別しておくことが大切だね。感想は「気持ち」「考え」の場合もあるよ。

●筆者の経験と感想の読み取り方

①先日、道を歩いていたら、コンクリートをつきやぶるようにして、さけめからタンポポが顔を出していた。

②その日のわたしは、出版社《しゅっぱんしゃ》に持っていった小説が採用《さいよう》されずに、自分のすべてを否定《ひてい》されたような気持ちでいたのだ。しかし、その力強いタンポポのすがたを見て、自分もこのままではいられない、次はもっといい作品を書くぞ、という前向きな気持ちになった。

右の文章では①が筆者の経験（コンクリートのさけめからタンポポが顔を出しているのを見た）、②がそれに対する感想・気持ち（次はもっといい作品を書くぞ、という前向きな気持ち）となっています。この気持ちの部分が文章の中心である「主題」ですね。

随筆を読むときには、筆者がどんな経験をして、どんな気持ちになったのか、そして、それがなぜか、ということを整理できるとよいですね。

例題　次の文章を読んで、あとの問いに答えなさい。

祖母《そぼ》の引き出しに変色した手紙を見つけたのは、祖母がなくなってからずいぶん後のことだった。

小学校三年生の夏、わたしは、生まれて初めて家族からはなれて子どもキャンプに参加した。家族にはがきを書いたのは、いろいろな新しい体験に夢中《むちゅう》でいた二日目あたりだった。一週間の体験を終えて帰宅《きたく》し、自分が書いた、どこか他人行儀《ぎょうぎ》な絵はがきを居間《いま》の箱の中に見つけたことを覚えている。

この手紙は、おそらくその便りへの返事だったのだろう。わたしが帰ったらわたすつもりでわすれてしまったのか、いや、きっとわたすのをためらったのにちがいない。そう思うのは、「生まれて初めておばあちゃんのそばをはなれたのね。少しさびしいです。」という文面があったからだ。

初孫のわたしに、同居《どうきょ》していた祖母は愛情《あいじょう》を注ぎ、わたしもまたおばあちゃん子であった。いつまでも愛着をもってだきしめていたいが、子どもというものはその手をゆるめていくことでしか成長しないのだということを、自分の子育ての経験として知っていた祖母は、「はなれてしまいさびしい」という感慨《かんがい》をわたしに伝えることを自分に禁《きん》じたのであろう。

時を経てわたしがその気持ちに寄《よ》りそえるようになったから、祖母は①とじこめた思いを天国からとどける気になったのかもしれない。

1　「わたし」がこの文章を書こうと思ったきっかけはどのようなことですか。書きなさい。

[　　　　　　　　　　]

2　——①とありますが、それはどのような思いですか。次の中から一つ選び、記号を○で囲《かこ》みなさい。

ア　「わたし」が生まれて初めて一人で宿泊《しゅくはく》することへの心配。

イ　「わたし」が成長して自分の元をはなれていくことのさびしさ。

ウ　「わたし」がはがきを送ってくれたことへの感謝《かんしゃ》の気持ち。

エ　「わたし」の書いたはがきがよそよそしかったことのさびしさ。

これができるとかっこいい！

筆者の体験は、どんなことを伝えるために書かれたのか、考えてみよう！

28 筆者の経験《けいけん》と感想を読み取る ①

随筆《ずいひつ》

学習日	
月	日
得点	/100点

次の文章を読んで、あとの問いに答えなさい。

よく「教師《きょうし》時代には、短歌を教えていたんですか？」と聞かれるが、いわゆる国語の授業《じゅぎょう》では、古文・漢文・現代《げんだい》文《ぶん》のなんでも屋さんで、短歌を取り上げることはほとんどない。

が、①「国語表現」の時間だけはちがった。おおむね就《しゅう》職《しょく》という進路を選んだ生徒たちが、受験には関係なく選択《せんたく》する科目でもあったので、私はおおいに張《は》りきった。試験の傾向《けいこう》とか対策《たいさく》とか、そんなことは気にしなくていい。思いっきりやりたいことをやろう。もちろん、自分が愛してやまない、短歌という表現手段《しゅだん》で。

とは言っても、ただ漠然《ばくぜん》と「さあ、短歌を作りましょう」とうながすだけでは、生徒たちは乗ってこない。そこで、毎回テーマや約束を一つ決めて、短歌を作ってくるように、という宿題を出した。

たとえば「次のテーマは『色』を使った短歌です。何色でもいいから、今週もっとも印象《いんしょう》に残った色に注目して、その感動や思いを五七五七七にまとめてみましょう」。

あるいは「②オノマトペって知ってますか？　ワンワンにゃんにゃんといった音を写したものや、にやにやピカリなど物事の状態《じょうたい》や様子を表す言葉などです。今度は、なんで

1 ——①、筆者が国語表現の時間に短歌を取り上げたのはなぜですか。次の中から一つ選び、記号を○で囲《かこ》みなさい。（20点）

ア　ふだんの授業は古文・漢文・現代文に限《かぎ》られ、大好きな短歌をあつかうことができないことが不満であったから。

イ　就職をする生徒たちに向けて、心を豊《ゆた》かにする短歌を学ぶ機会を設《もう》けてあげようと考えたから。

ウ　受験とは関係なく選択する科目であったので、教師である自分も気楽にできる内容《ないよう》をあつかおうと思ったから。

エ　試験の傾向や対策を気にしなくてすむので、自分の好きなことを取り上げようと思ったから。

2 ——②とありますが、次の中から性質《せいしつ》のことなる「オノマトペ」を一つ選び、記号を○で囲みなさい。（20点）

ア　部屋がごちゃごちゃでこまっている。

イ　お皿がガチャンとわれてしまった。

ウ　洗車《せんしゃ》したばかりなので、車はつやつやとかがやいている。

エ　子どもが手をひらひらふった。

もいいから、そういうオノマトペを使って、表現を工夫《くふう》してみましょう。すでにあるものを、自分流に使いこなしてもいいし、今までにないものを発明しちゃうのも、おもしろいですね。絶対《ぜったい》ダメなのは、しんしんと雪がふるとか、星がキラキラとか、ありきたりな言い回し。そういうのを、表現の世界では『③手あかのついた表現』というふうに言いますよ」。

そんなふうにして作られてきた生徒たちの短歌を、私は授業で読みあげ、ときには黒板に書き写して、評《ひょう》を加えた。

だが、生徒たちのノリは、今ひとつだ。どんな短歌でも、一つはいいところを見つけてほめるのだが、そもそもちゃんと聞いていない子も多い。後で職員室に「私の短歌、どうだった?」なんて聞きに来る子までいる始末。

そこで一計を案じて、生徒の作品を、プリントにして配ることにしてみた。これなら、自分の短歌が評されるのを、聞きのがすこともないだろう。

――これが、意外なほどの効果《こうか》だった。わらばん紙に印刷された短歌を配ると、みなキャーキャー言って喜《よろこ》び、自分の作品だけでなく、熱心に友人のものも読んでいる。しかも、④プリントするようになってから、明らかに生徒たちの短歌熱が高まったのである。

その場で消えてゆく音声や、黒板の文字とはちがう力を、彼《かれ》らは紙に感じていたのだろう。自分の言葉が形としてきざまれる喜びを、紙はあたえてくれる。

俵万智《たわらまち》『101個目《こめ》のレモン』(文藝春秋《ぶんげいしゅんじゅう》刊《かん》)

---

3 ――③とはどういうことですか。次の文の□にあてはまる五字の言葉を文中から書きぬきなさい。(20点)

物事の様子や状態《じょうたい》などを表す表現として、

□□□□□な表現であるということ。

4 ――④、短歌をプリントにしたら生徒が熱心になったのはなぜですか。文中の言葉を用いて書きなさい。(20点)

〔　　　　〕

5 この文章の題名としてふさわしいものを次の中から一つ選び、記号を○で囲みなさい。(20点)

ア「国語表現」　イ「短歌という表現手段」

ウ「高まる短歌熱」　エ「紙の力」

29 筆者の経験《けいけん》と感想を読み取る ②

随筆《ずいひつ》 漢字の学習

学習日　月　日　得点　／100点

次の文章を読んで、あとの問いに答えなさい。

人と議論《ぎろん》することを好まない人は、ジャーナリストにはむいていないように思う。ジャーナリズムというのは、そもそも会話から生まれたのであるから。

じっさい、ぼくの知っているかぎり、有能《ゆうのう》なジャーナリストは、みな話好きである。話好きが高じて、つい議論になる。そしてその議論の中身は、たいてい彼《かれ》がつぎに書くことのなかに織《お》りこまれている。

ジャーナリズムについては、いろいろな定義《ていぎ》があろうが、要するに話題を提供《ていきょう》するもの、といってよい。だから、かんじんの「話題」を何も持ちあわせていないようなジャーナリストは、その点でまず失格《しっかく》である。話題を発掘《はっくつ》するためには、話題を引き出すための話題を持っていなければならない。

会話というものは*ギブ・アンド・テイクなのであって、こちらがなんらかの話題を提供しないかぎり、相手がおもしろい話をしてくれるわけがない。①きき上手というのは、ただ相手のしゃべるのを、ふんふん、といってきいていることではない。ほう、とか、へえー、といって、大げさに相づちを打てばいい、というものでもない。まず自分が話題を提供する。むろん、相手がおもしろがるような話題でなければいけない。そうすれば、かならず相手は興《きょう》に乗って、こちらより、

1 ――①とは、どんなことができる人だと筆者は考えていますか。文中の言葉を用いて書きなさい。（20点）

2 （ A ）にあてはまる言葉を次の中から一つ選び、記号を○で囲《かこ》みなさい。（20点）

ア 流動的
イ 主観的
ウ 本能的
エ 現実的《げんじつてき》

もっとおもしろい話をしてくれるのである。

ところで、問題は、いったいどんな話題がおもしろいのか、ということである。「おもしろい」とは、あくまで（　A　）なものであって、自分がおもしろいと思ったことでも、相手がぜんぜん興味を示《しめ》さないというケースはいくらでもある。そこがまた、おもしろいのである。

新聞記者をやっていたとき、②取材先から帰ってくると、ぼくはいつも同僚《どうりょう》の記者を喫茶店《きっさてん》へさそって、そこで取材してきた話をぜんぶしゃべることにしていた。ぼくの話を何度か聞かされた同僚は、不思議そうな顔をして、こういった。

「原稿《げんこう》を書く前に、そんなふうに話しちゃっていいのかい。ぼくは記事を書く前に人に話をしちゃったら、もう書けなくなってしまうけどな。きみは反対だな。だまっていられないたちなんだな」

たしかに、取材したものを自分ひとりのむねのなかに温めて原稿で勝負する、という記者のほうが多いようである。けれど、ぼくはそれでは心細いような気がするのだ。まず、同僚の記者をつかまえて、いや、同僚でなくても、ガールフレンドでもいい、ともかく、だれかに話してきかせるのだ。話をしているうちに、原稿の組み立てができる。そのとき大事なのは、相手の顔つきである。話がおもしろくなければ、相手はコーヒー一杯《ばい》ぐらいでしんぼうしてくれるわけがない。正直に顔に出る。相手のその表情《ひょうじょう》を読みながら、ぼくはひとりでうなずくのである。

---

3 ――②について、筆者がこのようなことをする理由を次の中から一つ選び、記号を○で囲みなさい。（20点）

ア 相手が自分の話をおもしろがっているかどうかが表情に表れるため、原稿を組み立てる参考になるから。

イ 取材したものを自分の中で温めて原稿で勝負する同僚とは、ちがう切り口の原稿を書きたいから。

ウ 自分が取材し、これから記事にしようとしている内容《ないよう》が、コーヒー一杯の価値《かち》があるものかどうかがわかるから。

エ 人と議論をすることがなければ、有能なジャーナリストとは言えないという信念があるから。

4 ――③とは、ここではどういうことですか。「～いること。」に続く形で、文中から十二字で書きぬきなさい。（20点）

□□□□□□□□□□□□いること。

次のページに続きます。

ははあ、こんな話し方じゃだめなんだな。なるほど、こんな点に相手は興味を持つのか。じゃあ、そいつを冒頭《ぼうとう》に書きこんだらどうだろう。しかし、ぼくがこんなにおもしろいと思っている話を、相手はなぜおもしろがらないんだろう。話がくどすぎたのかもしれない。あるいは、*ウィットにとぼしかったのかな。それにしても、人はずいぶんちがったところに興味を持つもんだなあ……。

つまり、話をしながら、相手の表情を読むということは、*ミニマムな市場調査《マーケティング》なのだ。

ジャーナリストにとって最もいましむべきことは、③ひとりよがりである。自分だけがおもしろがっていれば、相手は逆《ぎゃく》にしらけてしまう。そうなったらおしまいだ。ところが、自分がおもしろいと思う点と、相手が興味を示すところとでは、きまって落差がある。だからジャーナリストは、何がおもしろいのか、だけではなく、だれにとっておもしろいのか、それをいつも考えに入れておかなければならない。むろん、そいつは難問《なんもん》だが、まず人に話してみるというのが意外に役立つのである。だから、ジャーナリストは話好きでなければいけないと、ぼくはいうのだ。

森本哲郎《もりもとてつろう》『「私《わたし》」のいる文章』（新潮社刊《しんちょうしゃかん》）

*ギブ・アンド・テイク＝おたがいがあたえると同時に利益《りえき》も得《え》ること。
*ウィット＝とっさに働く知恵《ちえ》・機知。
*ミニマムな＝最小の。

5 ジャーナリストは話好きでなくてはならないと筆者が考える理由を次の中からすべて選び、記号を○で囲みなさい。（20点）

ア　人と積極的に議論することで、その議論の中から記事になる内容を生み出すことができるから。

イ　これから記事に書こうと思うことを、かくさず話す心の広さがなければ、よい話題を見つけることはできないから。

ウ　取材したものを心の中で温めているだけでは、記事のすばやい発行ができないから。

エ　何がおもしろいのか、だれにとっておもしろいのかを調べることができるから。

練習しよう

□には漢字を、（　）には送りがなを書きなさい。

1 本を□□《へんしゅう》する。

2 きみの考えに□□《さんせい》だ。

3 自動車を□□《ゆしゅつ》する。

4 長年の□□《こうせき》がみとめられる。

5 作家の□□□《こうえんかい》を聞きに行く。

6 □□《かんしゃ》の気持ちを伝える。

7 □□《きそく》正しい生活をする。

8 あこがれの□□《しょくぎょう》につく。

9 人の目を□□《いしき》する。

10 水鳥を□□《ほご》する。

11 道を□（　）《たしかめる》。

12 紙くずを□（　）《もやす》。

30 漢字の部首・成り立ち・筆順 ①

漢字のきまり

学習日　月　日　得点　／100点

ポイント

部首の名前だけでなく、それぞれの部首が表す意味もあわせて覚えておきましょう。

部首	名前	部首の意味	例
氵	さんずい	水・川・液体《えきたい》などを表す。	泳・流
言	ごんべん	言葉・表現《ひょうげん》などを表す。	話・語
亻	にんべん	人の性質《せいしつ》や行動を表す。	体・仏
刂	りっとう	切ることを表す。	別・刷
頁	おおがい	頭・首筋《くびすじ》などを表す。	頭・額
艹	くさかんむり	植物に関することを表す。	草・薬
雨	あめかんむり	天候・気象《きしょう》などを表す。	雲・雪
广	まだれ	屋根・建物などを表す。	店・広
灬	れっか・れんが	火に関することなどを表す。	熱・点
辶	しんにょう・しんにゅう	行くこと・進むことを表す。	送・速
門	もんがまえ	門や出入り口などを表す。	開・関

1 次のア～エの漢字を部首さくいんで引いたとき、いちばん最後に出てくるものの記号を○で囲《かこ》みなさい。（各4点）

1　ア 折　イ 指　ウ 接《せつ》　エ 打

2　ア 清　イ 注　ウ 減《げん》　エ 潔《けつ》

3　ア 機　イ 極　ウ 構《こう》　エ 標

2 次の漢字の成り立ちにあう漢字を、あとのア～クの中から二つずつ選び、（　）に記号を書きなさい。（両方できて各4点）

1　象形文字（物の形をかたどったもの）　（　）（　）

2　指事文字（形のない物事を点や線などで表したもの）　（　）（　）

3　会意文字（いくつかの文字を組み合わせて別の意味を表したもの）　（　）（　）

4　形声文字（音を表す文字と意味を表す文字を組み合わせたもの）　（　）（　）

ア 皿　イ 本　ウ 位　エ 花
オ 鳴　カ 馬　キ 飯　ク 末

3 次の1～7の▒に共通してあてはまる部首を□に書きなさい。また、その部首名を□に書きなさい。（両方できて各6点）

1 林　次　所　□・□
2 求　古　正　□・□
3 生　青　夬　□・□
4 食　良　祭　□・□
5 告　术　屰　□・□
6 干　半　韦　□・□
7 吉　祭　疋　□・□

---

4 次のア～ウのうち、部首がちがうものを一つずつ選び、（　）に記号を書きなさい。また、その漢字の部首名を□に書きなさい。（両方できて各5点）

1 ア 芽　イ 夢《ゆめ》　ウ 荷　（　）・□
2 ア 落　イ 液　ウ 演《えん》　（　）・□
3 ア 列　イ 利　ウ 例　（　）・□
4 ア 厚《こう》　イ 圧《あつ》　ウ 原　（　）・□
5 ア 徳《とく》　イ 術《じゅつ》　ウ 復《ふく》　（　）・□
6 ア 星　イ 旧《きゅう》　ウ 百　（　）・□

31 漢字の部首・成り立ち・筆順 ②

漢字のきまり

学習日　月　日

得点　／100点

1 次の文の――を漢字に直して（　）に書きなさい。また、その漢字の総《そう》画数を漢数字で□に書きなさい。（すべてできて各4点）

1 校庭のすみの小屋でウサギを<u>かう</u>。

2 人工<u>えい</u>星を打ち上げる。

1（　　）・□画

2（　　）・□画

2 次の漢字を画数の少ない順に並《なら》べかえて、記号で書きなさい。（すべてできて各4点）

1 ア 貿《ぼう》　イ 慣《かん》　ウ 燃《ねん》　エ 暴《ぼう》

（　→　→　→　）

2 ア 興《きょう》　イ 職《しょく》　ウ 潔《けつ》　エ 製《せい》

（　→　→　→　）

3 次の漢字の矢印で指した青い画は、何画めに書きますか。漢数字で書きなさい。（各4点）

1 右　□画め

2 似　□画め

3 報　□画め

4 際　□画め

5 複　□画め

6 防　□画め

4 次の漢字の正しい筆順を選び、記号を○で囲《かこ》みなさい。なお、途中《とちゅう》の筆順を一部省略《しょうりゃく》しています。（各4点）

1 妻《つま》　ア・イ

2 断《だん》　ア・イ

5 次の**ア**～**エ**の漢字のうち、ほかと成り立ちがちがうものを一つ選んで（　）に記号を書きなさい。また、その成り立ちを□に書きなさい。（両方できて各6点）

1 **ア** 耳　**イ** 魚　**ウ** 紙　**エ** 心　（　）・□文字

2 **ア** 油　**イ** 二　**ウ** 持　**エ** 晴　（　）・□文字

6 次の文の——の言葉を漢字で書いたとき、送りがなが正しいほうの記号を○で囲みなさい。（各4点）

1 夜空に月があらわれる。
ア 現れる
イ 現われる

2 流れにさからう。
ア 逆う
イ 逆らう

3 医者をこころざす。
ア 志ざす
イ 志す

4 こころよい風がふく。
ア 快い
イ 快よい

7 次の文の——の言葉を、共通する漢字を使って書きなさい。なお、送りがなが必要なものは送りがなも書きなさい。（両方できて各6点）

1
ア 絵の具の色がまじる。　□
イ 電車がこむ。　□

2
ア 合格《ごうかく》をかくしんする。　□
イ 集合時間をたしかめる。　□

8 次の文中から送りがながまちがっている言葉を二つさがし、正しく書き直しなさい。（両方できて各6点）

先日、食堂《しょくどう》を営なむおじから、夕食のさそいを受けた。習い事があるので一度は断ったが、いとこが来るというので行くことにした。久ぶりに会ったいとことは話がはずみ、週末に出かける約束をした。再び会えるのが楽しみだ。

□ → □

□ → □

学習日　月　日
得点　／100点

次の文章を読んで、あとの問いに答えなさい。

なんとなく気が合わず、おたがいさけていたのに、うっかり異常接近《いじょうせっきん》してしまい、ケンカになったりする。しかし、なぜさけなきゃならないとおもうのだろうか？　なにか通じるものがあるからなんじゃないだろうか。

①対立は同じ土俵《どひょう》のうえでしか起こらない。あまさとからさとは対立できるが、暗さと速さとは対立しようがない。損《そん》か得《とく》かをめぐっての対立も、（　A　）人間どうしのあいだでしか成り立たない。「オレってケチかも」とおもうなら、「お金？　べつに興味《きょうみ》ないよ」という人間とつきあってみるとよい。

子曰《しいわ》く、異端《いたん》をX攻《おさ》むるは、斯《こ》れ害のみ。

＊先生「無難《ぶなん》でありさえすればよいと考えると、かえってあぶない」。

あやまった考えを学べば学ぶほど、あやまりにこくそまってしまう。「聖人《せいじん》の道とちがったことを研究するのは、ただ害があるだけだ」（＊金谷《かなや》本）ということになるのが関の山である。

1 ——①とはどういうことですか。次の中から一つ選び、記号を○で囲《かこ》みなさい。（20点）

ア　おたがいの実力が同じであると、どちらがすぐれているか決着をつけたくなるということ。

イ　ケンカになるのは、大切に感じていることの観点が重なっているからだということ。

ウ　反発しあったりすればするほど、実はあとでひかれあうことになるということ。

エ　おたがいが異常接近すると、すぐにケンカになってしまう状態《じょうたい》になるということ。

2 （　A　）にあてはまる言葉を次の中から一つ選び、記号を○で囲みなさい。（20点）

ア　自分のほうが金持ちだとおもっている

イ　なんとなく気が合わないとおもっている

ウ　得をしようと悪だくみをしている

エ　金というものを重要だとおもっている

まあ、そうだろうな、と納得《なっとく》してしまいそうになるが、孔《こう》子《し》の真意は言葉と逆《ぎゃく》だってことはないだろうか。自分とことなった考えのやつとつきあわないと進歩しないぞ、と。

見慣《みな》れた顔と言い慣れた話をしていれば、たしかに安心だろう。しかし、いつもの仲良しグループでたむろしていても、なにも生まれてこない。自分と異質《いしつ》の発想とつきあってみると、「ふうん、そんなふうに考えるんだ」という新鮮《しんせん》なおどろきがある。別の角度から見ることの可能性《かのうせい》を知ることによって、ものの見方のはばがひろがる。

自分のものの見方を、自分の力で変えることは、けっして容易《ようい》じゃない。②自分とまったく異質な人間とぶつかってみることによって、ようやく身にしみついた発想を変えることができる。たとえ「異端」のように見えても、みだりにきょひしたり、やみくもにこうげきしたりせず、つきあってみるとよい。他流試合をしてみることも、ときには大切だ。けがをするかもしれないが、それもまた生きる肥《こ》やしになる。

山田史生《やまだふみお》『孔子《こうし》はこう考えた』（筑摩書房《ちくましょぼう》刊）

＊先生…＝右の漢文についての、筆者の考えによる現代語訳《げんだいごやく》。
＊金谷本＝金谷治《かなやおさむ》訳注『論語《ろんご》』（岩波文庫《いわなみぶんこ》）のこと。

3 ――②について、次の問いに答えなさい。

1 ――②を別の言い方で表した言葉を、文中から四字で書きぬきなさい。（20点）

2 筆者は「自分とまったく異質な人間とぶつかってみる」とどのようなことができるようになると考えていますか。わかりやすく書きなさい。（20点）

4 ――Xについて、「攻むる」には二通りの意味があると考えることができます。筆者の説明を手がかりにしてそれらを次の中から二つ選び、記号を○で囲みなさい。（各10点）

ア 学んだり研究したりする。
イ 真意と逆のことを言う。
ウ ただ害があるだけである。
エ きょひしたり非難《ひなん》したりする。

33 話し合いを読み取る

いろいろな文

学習日　月　日

得点　／100点

次の文章を読んで、あとの問いに答えなさい。

なつこ：明日学校で、気になる新聞記事についてまとめる授《じゅ》業《ぎょう》があるでしょう。朝刊《ちょうかん》を一部持っていけばいいかな。

あかね：①わたしの家は新聞を二紙取っているから、両方持っていくよ。

なつこ：え？　どちらか一方でいいんじゃない？

あかね：同じ日の別々の新聞を比《くら》べてみるつもりだよ。たとえば昨日だったら、A紙は一面に選挙のことをのせているけれど、B紙は石油の価格《かかく》が下がっているということがのっているの。一方は政治《せいじ》、もう一方は経済《けいざい》の話題だね。

なつこ：新聞の一面はトップニュースだから、その新聞が最も伝えたいことをのせる部分だよね。

あかね：そう。だから、一面に何をのせているのかを見てみると、その新聞が世の中の動きで、どんなことを重視《じゅうし》しているかがわかっておもしろいの。

なつこ：そういえば、社説を読むと、その新聞社に特有のものの考え方がわかるって聞いたことがあるなあ。

あかね：社説は新聞社の「論説委員《ろんせついいん》」という人が、あるできごとや事柄《ことがら》を取り上げて解説《かいせつ》してくれるものだけれど、その人やその新聞社なりの主張《しゅちょう》が表れていることも多いからね。Cというできごとについて、A紙は賛成《さんせい》、B紙は反

1 ——①、あかねさんはなぜ新聞を二紙持っていこうと考えたのですか。書きなさい。（20点）

〔　　　　〕

2 各新聞社に特有の考え方は何によってわかりますか。文中から一語で書きぬきなさい。（20点）

〔　　　　〕

3 ——②とありますが、これはどういうことですか。説明として正しいものを次の中から一つ選び、記号を○で囲《かこ》みなさい。（20点）

ア 同じできごとに対する記事でも、書く人によって判断や説明の仕方が変わってくるということ。

イ 同じできごとについて書いてある記事でも、読む人によって受け取り方がちがうということ。

ウ 同じできごとであっても、記事の字数によって省いている内容があるということ。

対というのもよくあることだよね。

なつこ：②事実は一つでも、立場によっては見え方がちがうということか。これは読む側も責任《せきにん》重大！

あかね：どういうこと？

なつこ：わたしたちは、すべてのできごとについて直接《ちょくせつ》見たり聞いたりすることはできないよね。だから、ある人の目を通して発信された情報《じょうほう》によって判断《はんだん》するしかない。新聞では字数の都合で内容《ないよう》を省くこともあるし、できごとの背景《はいけい》をすべて説明することはむずかしいしね。③そういうものだとあらかじめわかったうえで新聞を読まないと、活字になっている情報は実は不完全なものなのに、完全なものだと信じこんでしまいそうじゃない？

あかね：そもそも情報はだれかが発信するものである以上、どうしても発信する人の考えが表れてしまうよね。

なつこ：テレビや本も同じことが言えるなあ。そう考えると、あかねさんが言ったように、二紙を比べてみるというのは、自分でものを考える練習になりそうだね。

あかね：同じできごとをそれぞれの新聞社がどんなふうにあつかっているのか、ちがいを調べてもいいね。

なつこ：世の中のことは、いろいろな方面から情報を集めたうえで、最後は自分で考えるようにしなきゃ！　明日はみんなで新聞記事を比べてみようね。

エ　同じできごとであっても、新聞社によって紙面のどこに配置するかが変わるということ。

4　――③の内容として正しいものを次の中から一つ選び、記号を○で囲みなさい。（20点）

ア　情報は必ず複数《ふくすう》を比べるべきものであるということ。

イ　情報は大切なことはあえて明確《めいかく》にしないものだということ。

ウ　情報とは不完全なものであるということ。

エ　情報とはその背景を重視すべきだということ。

5　この話し合いを通して、二人はこれからどのようなことに気をつけて新聞を読むとまとめられていますか。文中の言葉を用いて四十字以内で書きなさい。（20点）

34 外来語・重要語句

言葉のきまり

学習日　月　日

得点　／100点

1 次の言葉の中から外来語を三つ選び、記号を○で囲《かこ》みなさい。（各2点）

ア ガラス　**イ** 熱い　**ウ** メダカ　**エ** 手紙

オ 桜《さくら》　**カ** 山　**キ** レストラン　**ク** カステラ

2 次の文の――の言葉の意味を表す外来語を書きなさい。（各3点）

1 きみはよい競争相手だ。

2 試験を受ける。

3 制服《せいふく》に着がえる。

4 新聞記事を複写《ふくしゃ》する。

5 旅行の計画を立てる。

3 次の言葉の意味をあとの**ア**〜**エ**の中から一つずつ選び、（　）に記号を書きなさい。（各4点）

1 とりとめのない（　　）

2 とほうもない（　　）

3 こころもとない（　　）

4 あどけない（　　）

ア むじゃきでかわいい

イ なんとなく不安だ

ウ まとまりがない

エ 並外《なみはず》れている

4 次の文にあう言葉を（　）の中から一つずつ選び、○で囲みなさい。（各3点）

1 対戦相手を（みくびって・みかぎって）負けた。

2 連日の（うなる・うだる）ような暑さに、子どもたちの体力も低下しているようだ。

3 かれの仮説《かせつ》は立証《りっしょう》されておらず、批判《ひはん》する声も多いが、（あながち・あたかも）まちがいとは言えない。

5 次の文の――と似《に》た意味の言葉をあとの**ア**～**ク**の中から一つずつ選び、（　　）に記号を書きなさい。（各4点）

1 山道はことのほか険《けわ》しく、軽装《けいそう》で来たことがくやまれた。（　　）

2 部活でつかれたからといって、学業をなおざりにするわけにはいかない。（　　）

3 友人とおしゃべりして過《す》ごすのに、うってつけの店を見つけた。（　　）

4 あなたの言いたいことはおおむね理解《りかい》できたが、賛成《さんせい》はできない。（　　）

ア おおよそ　**イ** 最適《さいてき》　**ウ** だしぬけに

エ くまなく　**オ** 案の定　**カ** 案外

キ おろそかに　**ク** もろもろ

6 「あらゆる」を使って、短い文を作りなさい。（10点）

7 次の文の（　　）にあう言葉をあとの**ア**～**キ**の中から一つずつ選び、記号を書きなさい。同じ記号は二回使えません。（各4点）

主人公が（①）で夢《ゆめ》をあきらめるシーンの描写《びょうしゃ》は（②）でしたが、その後の展開《てんかい》ではつじつまが合わない点がいくつかみられました。背景設定《はいけいせってい》や下調べが（③）である場合、このように（④）が生じてしまいます。もう一つ、これは個人的《こじんてき》な意見ですが、最後の一行は（⑤）だと思いました。この一行を付け足したことで読み手側の「想像《そうぞう》」という楽しみをうばってしまった気がします。しかし、全体的にはおもしろい小説でしたので、（⑥）を重ねることで（⑦）な作品になるのではないでしょうか。

①（　　）　②（　　）　③（　　）　④（　　）

⑤（　　）　⑥（　　）　⑦（　　）

ア 完ぺき　**イ** 蛇足《だそく》　**ウ** すいこう　**エ** 断腸《だんちょう》の思い

オ ずさん　**カ** 圧巻《あっかん》　**キ** 矛盾《むじゅん》

学習日　月　日　得点　／100点

ポイント

敬語とは、相手への敬意（うやまう気持ち）を表す言葉です。
敬語には次のような種類があります。

●尊敬語《そんけいご》……相手や話題にしている人物の動作に対して使う

・「お～になる」「ご～になる」の形で表す

《例》お話しになる ／ ご使用になる

・尊敬の意味を表す「れる」「られる」を使う

《例》書かれる ／ 来られる

・それ自体が尊敬の意味を表す言葉を使う

《例》おっしゃる（言う）／ めしあがる（食べる・飲む）
くださる（くれる）

●けんじょう語……自分や身内の動作に対して使う

・「お～する」「ご～する」の形で表す

《例》お返しする ／ ご案内する

・それ自体がけんそん（へりくだること。ひかえめにすること）の意味を表す言葉を使う

《例》うかがう（聞く・たずねる）／ 差し上げる（あたえる）

●ていねい語……聞き手や読み手にていねいな気持ちを表すために使う

・文末に「です」「ます」「ございます」をつける

《例》小学五年生です。／ 説明します。

・言葉の上に「お」「ご」をつける

《例》お米 ／ ご用

★それ自体が尊敬・けんそんの意味を表す言葉

ふつうの言い方	尊敬語	けんじょう語
行く・来る	いらっしゃる	まいる
言う	おっしゃる	申す・申し上げる
食べる・飲む	めしあがる	いただく
する	なさる	いたす
見る	／	拝見《はいけん》する
聞く・たずねる	／	うかがう

1 次の――の敬語の種類をあとの**ア**～**ウ**の中から一つずつ選び、（　）に記号を書きなさい。また、敬語をふつうの言い方に書き直しなさい。（両方できて各10点）

1 先生のおっしゃる意味がわかりません。（　）・［　　　］

2 こちらにお名前をお書きください。（　）・［　　　］

3 先生の荷物をお持ちする。（　）・［　　　］

ア 尊敬語　**イ** けんじょう語　**ウ** ていねい語

2 次の文の――の言葉を1はけんじょう語に、2はていねい語に書き直しなさい。（各10点）

1 わたしが荷物をとどける。［　　　］

2 もうすぐ着く。［　　　］

3 次の文の――の言葉を、それ自体が敬意を表す言葉を用いて書き直しなさい。（各10点）

1 温かいうちに食べてください。［　　　］

2 先生がわたしの家に来る。［　　　］

3 母がお客様にお茶をあたえる。［　　　］

4 次の文の――の言葉の中で、敬語の使い方がまちがっているものを二つ選び、（　）に記号を書き、正しい敬語に書き直しなさい。（両方できて各10点）

先生が進級の記念に①くれたこの本は、わたしが好きな音楽についてのさまざまな②お話が書かれていて、とてもおもしろかったです。兄にも見せたところ、とても気に入り、すぐに買いに行きたいと③おっしゃっていました。先生がこの本に④出会われたきっかけを⑤うかがえますでしょうか。

（　）・［　　　］

（　）・［　　　］

文章を読んで意見をまとめる

説明文　表現

学習日　月　日　得点　／100点

次の文章を読んで、あとの問いに答えなさい。

X平和のためにフマジメになりましょう。こんなことというと、「フマジメなやつは、まわりにめいわくをかけるからダメ！」とおこる人もいると思います。でもフマジメなやつによってかけられるめいわくなんてたかがしれています。せいぜいイタズラされたとか、ものをこわされたとか、なぐられたとか、その程度《ていど》のことです。ところがマジメな人によって引き起こされるめいわくはその何百倍何万倍の規模《きぼ》です。

テロであれ戦争であれ、平和をこわすのはマジメな人たちです。おもしろ半分でふざけて戦争を起こす人はいません。政治家《せいじか》も軍人も、みんなマジメに考えて戦争をします。戦争するしかない、「この道しかない！」なんて自分を追いつめて戦争を始めます。

①テロだってそうです。「みんなが苦しんだりいたがったりしているところを見たいな。えっへっへ」なんて笑いながらばくだんをしかけたり毒《どく》ガスをまいたりする人はいません。テロリストも「これが正しい道なんだ」とマジメに考え、思いつめて行動しています。

たとえば二十年前に東京で地下鉄サリン事件《じけん》がありました。オウム真理教《しんりきょう》という宗教《しゅうきょう》の信者たちが朝の電車内で猛毒《もうどく》をまいた事件です。大勢《おおぜい》の無関係な人びとがぎせいになりま

---

1 ――①・②とありますが、「テロ」と「戦争」はどのような点が共通しているといえるのですか。次の文の□にあてはまる言葉を文中から七字で書きぬきなさい。（10点）

テロも戦争も、□□□□□□□が引き起こす点。

2 ――③とありますが、なぜこういえるのですか。次の中から一つ選び、記号を○で囲《かこ》みなさい。（10点）

ア　戦争という悲惨《ひさん》な場面でもゲームを楽しめるほど、人間の心は強いものだということがわかるから。

イ　楽しみながら原ばくを落とすことはだれが見てもまちがった行いで、全面的に非難《ひなん》することができるから。

ウ　フマジメな気持ちで原ばくを落とせば正確《せいかく》さが失われ、結果的に原ばくに当たらずに助かる人が増《ふ》えるから。

エ　フマジメな人たちが引き起こした行いは、マジメな人たちが見張《みは》ることで正していくことができるから。

3 ――④とありますが、なぜですか。五十字以内で書きなさい。（20点）

した。事件の実行犯《じっこうはん》たちはマジメでした。マジメに人生になやみ、世の中をよくするにはどうしたらいいのかをマジメに考え、無関係の人びとを殺《ころ》しました。オウム真理教の信者たちはぼくなんかよりはるかにマジメです。マジメに考え、マジメに修行《しゅぎょう》して、でも、その結末が大量殺人です。

②戦争もそうです。七十年前の夏、アメリカ軍は広島《ひろしま》と長崎《ながさき》に原子ばくだんを落としました。たくさんの人が死にました。一瞬《いっしゅん》にして死んだ人もいれば、長い間くるしんで死んだ人もいます。お母さんのおなかの中にいて被《ひ》ばくしてしまった人もいます。アメリカの軍人や政治家は、マジメに考えて原ばくを落としました。けっしてゲームを楽しむように原ばくを落としたわけではありません。そこまで人間はひどくない。いや、③ゲームのように楽しみながら原ばくを落としたのだったら、まだ救《すく》いがあるかもしれません。だって、それはどう考えたってまちがっているとわかるから。でも、マジメに考えて、「戦争を終わらせるにはこれしかない」と思いつめて原ばくを落としたのだったら絶望的《ぜつぼうてき》です。アメリカではいまでも、広島や長崎に原ばくを落としたのはしかたなかったのだ、結果的によかったのだ、と考える人が大勢います。

人間はほうっておくとマジメになりやすい。大人はよく子どもを「マジメにやりなさい」としかりますが、でも④マジメなほうが楽なんです。マジメであるためには、他人に決められたルールにしたがってわき目もふらずにコツコツやっていればいい。機械のようにただ動いていればいい。「君

4 （　A　）にあてはまる言葉を文中から七字で書きぬきなさい。（10点）

5 ——⑤とありますが、これはどのようなことをたとえているのですか。次の中から一つ選び、記号を○で囲みなさい。（10点）

ア マジメな人が、思いつめて精神的《せいしんてき》に追いつめられた結果、やけになってお酒を飲み、他人にめいわくをかける様子。

イ マジメな人が、迷いながらも自分なりの考え方にたどりつき、絶妙なバランス感覚で世の中をわたっていく様子。

ウ フマジメな人が、自分の考えをいろいろと変えながら進み、失敗しても大きなダメージを受けることなくすむ様子。

エ フマジメな人が、マジメになろうと右往左往《うおうさおう》しながら努力をして、ついにマジメな人間として生まれ変わる様子。

次のページに続きます。

はマジメだね」なんてほめられて得意《とくい》になって、ますますマジメになって、コツコツやって、いつのまにか罪《つみ》もない無関係の人びとを不幸のどん底に落とすのがマジメ人間です。

世の中を平和にするには、ぼくたち一人ひとりがマジメにならないよう気をつけなければなりません。できるだけフマジメになることが平和につながります。「（　A　）！」なんて思いつめず、「この道もいいけど、あの道もいいな。いやあっちの道のほうが楽しいかも」とあれこれ迷《まよ》い、そのうちめんどうくさくなって昼寝《ひるね》しちゃうぐらいでいいんです。

⑤よっぱらいの千鳥足《ちどりあし》って見たことありますか。右にふらふらと歩いたかと思うと、左にふらふらと進む。電信柱にぶつかりそうでぶつからない。本人も意識《いしき》していない絶妙《ぜつみょう》なバランス感覚。しかもよってからだがだらしなくグニャグニャしているので、転んでも意外とケガが軽かったりします。

でもフマジメでありつづけるのは楽じゃない。自分で感じて考えてそのつど判断《はんだん》しなきゃいけないから。フマジメであるためにはかしこくならなきゃいけないし、そのためには努力が必要です。油断するとついマジメになってしまうから。マジメからのゆうわくを断《た》ち切らないと。⑥フマジメはたいへんです。

永江《ながえ》朗《あきら》「本を読んでフマジメになろう」（『世界を平和にするためのささやかな提案《ていあん》』河出《かわで》書房《しょぼう》新社《しんしゃ》刊《かん》）

6 ――⑥とありますが、どのような点が「たいへん」なのですか。文中の言葉を用いて書きなさい。（20点）

7 ――Xとありますが、筆者はなぜこのようにいうのですか。次の中から二つ選び、記号を○で囲みなさい。（各10点）

ア　フマジメな人はマジメな人よりも才能《さいのう》が豊《ゆた》かだから。

イ　フマジメな人はむずかしいことにも積極的に挑戦《ちょうせん》するから。

ウ　フマジメな人は一つの考え方にしばられないから。

エ　フマジメな人は他人任《たにんまか》せでなく自分で物事を考えるから。

オ　フマジメな人は周りの人を楽しませることができるから。

文章を読んで意見をまとめる

筆者は、「マジメ」は「他人が決めたルールにしたがい、一つの考え方で思いつめ、人に大きなめいわくをかける場合がある」と考え、「自分で感じ考え判断する」「フマジメ」をよいこととしてとらえています。

1 あなたは、「フマジメ」に生きることについてどう考えますか。下の解答欄《かいとうらん》に書きなさい。

書く前の準備《じゅんび》

「マジメ」「フマジメ」について、あなたはどのように考えますか。あなたの考えを書きましょう。

マジメ	フマジメ

書いてみよう

「書く前の準備」をもとに、**1**についてのあなたの意見を書きましょう。

学習日　月　日　得点　／100点

次の文章を読んで、あとの問いに答えなさい。

ドイツの街を歩いていると建物に付随《ふずい》している塔時計《とうどけい》が目立つ。とくに古い街並《まちな》みが美しいミュンヘンにはこった塔時計が多く、塔時計をさがしながら歩いていると①すぐに時間が過《す》ぎてしまう。

しかも、塔の上部に上下二つの時計や、対《つい》になった二つの尖塔《せんとう》に四面の塔時計、②機械時計の文字盤《もじばん》のすぐ下に*日時計が設置《せっち》されていたりして少々しつこい感じもするのだが、塔建築《けんちく》のデザインの必要不可欠《ふかけつ》な一部として、時計が位置付けられている。もっとも、日時計専門家《せんもんか》の弁《べん》によれば、当時の機械時計は信頼性《しんらいせい》に欠ける面もあったので、日時計の併設《へいせつ》もやむを得《え》なかったようだ。いずれにせよ、建物の美しさはともかく、どんな塔時計を設置するかが重視《じゅうし》されていたことはまちがいない。

一方、消費者《しょうひしゃ》を観察してみると、老若男女《ろうにゃくなんにょ》ともほとんどがうでに時計をはめている。デザインは③質実剛健《しつじつごうけん》のお国柄《くにがら》を反映《はんえい》して重厚感《じゅうこうかん》のあるものが喜《よろこ》ばれているが、興味深《きょうみぶか》いのは、かなり多くの女性が男性用の時計をしていることだ。ドイツ通によれば、男女とも体格《たいかく》がよいので*軽薄短小《けいはくたんしょう》のものでは似合《にあ》わないためで、スカート、ハイヒール姿《すがた》の女性を街中ではほとんど見かけないというファッションとの関

1 ——①とありますが、「すぐに時間が過ぎる」と感じるのはなぜですか。書きなさい。（20点）

2 ——②とありますが、機械時計の下に日時計がついているのはなぜですか。「〜から。」に続く形で、文中から二十字で書きぬきなさい。（10点）

から。

連もあるのではないか、という。つまり、かわいらしい女性用の時計よりも、機能美《きのうび》に徹《てっ》したデザインを好む女性も多いようである。

ところで④ドイツ人の時間感覚にふれて感ずるのは「厳格《げんかく》なドイツ人の思想はいまだ健在《けんざい》だ」ということだ。近年の日本が「なんでも受け入れてしまう軟弱《なんじゃく》な国」になってしまったのとは対照的に、自分たちの生活様式をしっかりと守っている。この一徹《いってつ》さが、ドイツ人のほこりでもあり、ドイツの強みにもなっているように思える。

ドイツ人の時間厳守の厳格さはそこかしこに見られる。端《たん》的《てき》な体験を挙げるならば、宿泊《しゅくはく》したホテルから空港までの送迎《そうげい》バスは事前の予約制《よやくせい》で、われわれの一行四名しか乗らないにもかかわらず、五分前にマイクロバスに行くと「まだ五分前だからダメだ」とあっさりとロビーにおしもどされてしまった。

「お客様第一」の今日の日本では、さしずめ従業員《じゅうぎょういん》のとりつくろった笑顔《えがお》ともみ手で「お急ぎでいらっしゃいますか。すぐに出発させましょう」といった展開《てんかい》になるか、乗客のほうから「他に乗客はいないのだからバスをすぐに出せ」と要求することだろう。だが、ドイツでは、「決められた時間になっていない」ことが重要な理由なのだ。

会合でも「出席者が少ないのでもうしばらくお待ちください」などということはなく、予定時刻《じこく》になったら始まるのがあたりまえになっている。確《たし》かに慣《な》れてみると、「時間どおり」

---

3 ——③について、次の問いに答えなさい。

1 ——③の意味を次の中から一つ選び、記号を○で囲《かこ》みなさい。（10点）

ア 本質を大切にして、うわべにまどわされずにいる様子。

イ どんなことにも動じないで、冷静でいる様子。

ウ かざらずまじめで、強くてしっかりしている様子。

エ 技術《ぎじゅつ》の向上を重視して、日々努力する様子。

2 ——③「質実剛健」は四字熟語《じゅくご》です。次の四字熟語の意味をそれぞれあとの**ア**～**オ**の中から一つずつ選び、記号を書きなさい。（10点）

日進月歩《にっしんげっぽ》（　　）

以心伝心《いしんでんしん》（　　）

千載一遇《せんざいいちぐう》（　　）

朝三暮四《ちょうさんぼし》（　　）

傍若無人《ぼうじゃくぶじん》（　　）

次のページに続きます。

は気持ちがよい。だれかの顔色をうかがったり、どこから指《し》示《じ》をされるのでもなく、⑤だれにも公平な『時』によって生活が進められていく。

そして、ドイツ人のすごさは、時間を守ることに身体《からだ》を張《は》っていることだ。ドイツを代表する航空《こうくう》会社は「安全、環《かん》境《きょう》、定時性」を*モットーにかかげ「自分たちの役割《やくわり》は輸《ゆ》送業《そうぎょう》であり、定時性、安全こそが輸送機関としての最大の使命」と言い切っている。世界中の航空会社が、「乗客に好まれる質の高いサービス」などとうわついた文句《もんく》をならべている中で、輸送業の根本を重視する姿勢《しせい》をかたくなにつらぬいている。

*ゲルマン民族が昔から時間にきびしいのは、「時間を守れない者は、生活の中で自分をコントロールできていない」との考え方に基《もと》づいている。ドイツ人にとって、「時間厳守」は単なるマナーや心《こころ》掛《が》けの問題ではなく、思想そのものなのだ。

織田《おだ》一朗《いちろう》『「時」の国際《こくさい》バトル』（文藝春秋刊《ぶんげいしゅんじゅうかん》）

*日時計＝太陽によってできるかげの方向で時刻を知ることのできる時計。
*軽薄短小＝軽く小さくなった製品《せいひん》。軽く、薄《うす》く、短く、小さい様子。
*モットー＝座右《ざゆう》の銘《めい》・目標・日々の心構《こころがま》えとしている言葉。
*ゲルマン民族＝広い意味でのドイツ民族の先祖《せんぞ》といわれている人々を指す。

ア　めったにおとずれないほどのよい機会。
イ　おたがい言葉に出さなくても気持ちが通じ合うこと。
ウ　人のことをまったく気にかけずにふるまうこと。
エ　目先のちがいにとらわれて結果が同じであることに気づかないこと。
オ　技術や人などが日々進歩していくこと。

4　――④について、次の問いに答えなさい。

1　「ドイツ人の時間感覚」とありますが、ドイツ人は時間についてどのような思想をもっていますか。文中から漢字四字で書きぬきなさい。（10点）

2　1の思想は、ドイツ人のどのような考え方に基づいていますか。「〜という考え方。」に続く形で、文中から三十字以内で書きぬきなさい。（20点）

という考え方。

5 ――⑤について、「時」がだれにも公平であるとはどういうことですか。次の中から一つ選び、記号を○で囲みなさい。（20点）

ア 時間はだれもちぢめたりのばしたりすることはできず、どんな立場の人であっても同じように流れていくということ。

イ 時間を守ることは民族の思想であり、ほこりでもあるのだから、他国の常識《じょうしき》をおしつけず、尊重《そんちょう》すべきであるということ。

ウ 時間に関して注意されたことには、従業員であろうが客であろうが、すなおにしたがうべきであるということ。

エ 時間というものは、どんな立場の人間に対しても、生活上のきびしい自己《じこ》管理を要求するものであるということ。

学習日　月　日　得点　／100点

次の文章を読んで、あとの問いに答えなさい。

子ども時代の写真を見ると、わたしはちっともかわいげがない。実際《じっさい》にかわいげのない子どもだったのだろう。いまのわたしが子どものころのわたしに出会ったら、やはりかわいげがない、と思うだろう。無邪気《むじゃき》な子どもらしい笑顔《えがお》で写っている写真がない。父はわたしを溺愛《できあい》し、わたしはその父の溺愛につけこんだ。父がわたしの写真をとりたがると、ポーズをしてみせる子どもがいた。

でも、とあえて言うが、子どもにかわいげがないのは、子どもの責任《せきにん》ではない。

わたしは①へいのなかで過保護《かほご》に育てられ、近隣《きんりん》の子ども集団《しゅうだん》からかくりされた。学校から帰ったらカバンを放り投げて遊びに行くご近所仲間はいなかった。わずかにいた友だちのところへすら、約束をしてから、しかもお誕生会《たんじょうかい》といった限《かぎ》られたときだけにおよばれをしていった。男きょうだいに囲《かこ》まれていたから、兄や弟と西部劇《せいぶげき》ごっこやちゃんばらごっこはしたが、しょせんへいのなかの遊びだった。へいの外にあこがれはあったから、へいの上に登って隣家の庭をのぞくのが楽しみだった。だからといって、へいの外に出ていく知恵《ちえ》も勇気も持ち合わせなかった。

世間知らずだったから、父の選んだ中学校へ行き、父の選

1 ——①と同じ意味で用いられている言葉を文中から書きぬきなさい。（10点）

〔　　　〕

2 ——②とありますが、筆者がこのように考えている理由を次の中から一つ選び、記号を○で囲みなさい。（10点）

ア　育てにくいと言われ続けてきたことによって生じていた、母への不満をわすれることができたから。

イ　家を出てひとりで苦労する状態《じょうたい》になって、はじめて母が自分を育ててくれたやり方は正しかったのだと気づけたから。

ウ　生家をはなれて苦労することで、自分自身を知り、社会と関わる知恵を身につけることができたから。

エ　すべてを決めてしまう両親のもとをはなれることで、自由で無邪気な自分をとりもどすことができたから。

んだ高校へ行った。運転免許《めんきょ》をとりたいと言ったとき、「女の子はあんな苦労をしないで、助手席に乗っているものです」と父に言われて、ふーん、そんなものか、と納得《なっとく》した。自分でも信じられない。女の子は風が当たらないように温室に入れて育てるものですという父に抗《こう》して、県外の大学を選んだのが、自分で決めた人生で初めての選択《せんたく》だったが、それというのも、このままこの家にいたらわたしはダメになる、と直感したからだ。②外に出たのは正解《せいかい》だった。そこから初めて、わたしの人生は始まったようなものだからだ。人並《ひとな》みの苦労をして、ようやくわたしは自分と社会とにめざめていった。

　こんなに「育ちが悪い」のに、よくまあ、ここまで真人間に育ったものだ、とときどき自分をほめてやりたくなる。

　あるとき、思いがこみあげて、母にこうもらしたことがある。

「おかあさん、わたしはね、家を出てから、自分で自分を育てなおしたのよ。」

　やっとの思いで口にしたことばに対する、そのときの母の反応《はんのう》に、絶句《ぜっく》した。

「そんなら、結局、わたしの育て方がよかったってことじゃないの。」

　③母親、という名の生きものには勝てない。

「きっとかわいげのない子どもだったんでしょうねえ。」

「いいえ、ちづこちゃんは、とってもかわいい子どもでしたよ」とそのひとは言った。わたしが赤《あか》ん坊《ぼう》のときに、おしめ

3 ――③について説明したものとして正しいものを次の中から一つ選び、記号を○で囲みなさい。（20点）

ア　筆者が自分をほめてやりたい思いを母に伝えたが、逆《ぎゃく》に母にやりこめられてしまい、親には何を言っても、最後には言い負かされてしまうものだと情《なさ》けなく思ったということ。

イ　筆者はこみあげる思いを母に伝えたが、自分の気持ちをまるで理解しようとしない母の態度に、深くきずついて悲しい思いをしたということ。

ウ　親の育て方を批判《ひはん》するつもりが、筆者の言葉を逆手《さかて》にとって、結局自分の育て方が正しいと言う母に、なかばあきれながらも親のほうが一枚上手《いちまいうわて》だと感心したということ。

エ　筆者は親の支配《しはい》からのがれて立派《りっぱ》に育ったのに、母は自分の育て方の非《ひ》をみとめないばかりか、子どもが大人になっても支配し続けようとしたので苦々しく思ったということ。

次のページに続きます。

をかえてくれた女性《じょせい》だ。医院を開業していた父のもとで、住みこみのお手伝いをしていた彼女《かのじょ》は、当時十代だった。わたしが三歳《さい》になる前に、そこをはなれた。子どもに三歳までの記憶《きおく》はない。だからわたしは彼女を覚えていないが、彼女のほうはわたしを覚えている。おむつをかえたという相手には、一生④あたまがあがらない。

　母は何かというとわたしの育てにくさについてぐちをこぼしていたから、わたしは子どもの自分が、母にとってこまった存在《そんざい》だったのだろう、と思いつづけてきた。子どものころの記憶は、自分自身によってよりも、周囲《しゅうい》が「おまえの子どものころはね……」という昔語りによって再構成《さいこうせい》されることが多い。自分の子ども時代をふりかえってみてもあまりうれしい思い出がないのは、親たちによる記憶の刷りこみにも原因《げんいん》があるかもしれない。

　だが、そのひとはわたしの記憶を修正《しゅうせい》してくれた。（　A　）両親をうしなったいま、わたしの子ども時代を覚えてくれている数少ないひとのひとりだ。

　彼女は満州《まんしゅう》からの引きあげ者。苦労して戦後を生きのび、わたしの父のもとでしばらく過《す》ごしたあと、思いきって東京へ出て、結婚《けっこん》して家庭を持った。成人したふたりのむすめと、たがいに敬愛《けいあい》の情《じょう》をいだいている夫とのあいだに、安定したくらしを送っていた。父の長い闘病中《とうびょうちゅう》、愛らしい絵柄《えがら》に清らかな筆跡《ひっせき》で、さりげなく季節の便りを告《つ》げるはがきを折にふれて送ってくださった。そのはがきを、父の枕元《まくらもと》で読みあげるのがわたしのしごとだった。父を見送ったあと、は

4　――④の意味として正しいものを次の中から一つ選び、記号を○で囲みなさい。（10点）

ア　よそよそしい感じがして苦手である。

イ　負い目を感じて対等にふるまえない。

ウ　立派な行いをされたと尊敬《そんけい》をしている。

エ　弱みをにぎられているようで不安を感じる。

5　（　A　）にあてはまる一文を次の中から一つ選び、記号を○で囲みなさい。（10点）

ア　わたしの覚えている過去を、そのひとは覚えていない。

イ　わたしの覚えている過去を、そのひとも覚えている。

ウ　わたしの覚えていない過去を、そのひとも覚えていない。

エ　わたしの覚えていない過去を、そのひとは覚えている。

がきでしか知らなかったその方に、病床《びょうしょう》の父をなぐさめてくださったお礼の気持ちをお伝えしようと、東海地方のお住まいをおたずねした。その折の会話である。

そのひとの記憶のなかにいる子ども時代のわたしに出会って、⑤固まった記憶がほろほろとほどけていく気分を味わった。

上野千鶴子《うえのちづこ》『ひとりの午後に』（文藝春秋《ぶんげいしゅんじゅう》刊）

6 筆者は、子どものころの記憶はどのようにして作られると考えていますか。五十字以内で書きなさい。（20点）

7 ――⑤とありますが、どういうことですか。正しいものを次の中から一つ選び、記号を○で囲みなさい。（20点）

ア 長い間病床にあった父をさりげない季節の便りでなぐさめてくれた人に、感謝《かんしゃ》の気持ちを伝えられてうれしかったこと。

イ 子どものころの自分が、育てにくくかわいげのない存在だったという思いこみが消え、自分をみとめることができたこと。

ウ 両親をうしなった今、自分が子どものころのことを知っている人が健在でいてくれたことで、筆者が心強く思えたこと。

エ 子どものころの自分が育てにくかったとゆずらなかった母の記憶が、まちがっていたという証言《しょうげん》が得《え》られたということ。

次の文章を読んで、あとの問いに答えなさい。

【睦美《むつみ》（私）は、トランポリンのナショナルチームのコーチである青山《あおやま》に、元トランポリン選手である父のことをたずねた。父は睦美が生まれる前になくなっている。】

睦美はたずねる。「父と、ペアを組んで、シンクロ競技《きょうぎ》に出場したんですよね？」

小さく青山がうなずいた。

「①父は、どんな選手でしたか？」

青山は遠い目をして、考えこむような様子を見せた。

私は、じっと待つ。

ずいぶん時間がたってから、青山が口を開いた。「選手としては……本当のことを知りたいんだよね？ だったら、言うけど。選手としては、三流だった。もちろん、私もだけど。技《わざ》に入るタイミングが、わりと近くてね、それで、よくペアを組んだ。だが、決勝まで行けたことは、一度もなかった。それぐらいの実力だったよ。だが……」

「だけど、なんですか？」

「楽しそうだったな、鈴木《すずき》さんは。いつもね。あの技はむずかしいなとか、どうもうまくできないとか、言ってるんだけど、ちっとも大変そうじゃなくてね。楽しんでたよ。トランポリンを」

1 ――①とありますが、青山は睦美の父のことをどのような選手だったと考えていますか。三十字以内で書きなさい。（20点）

2 ――②とありますが、なぜ「かんちがい」だというのですか。「～と思っているが、実際《じっさい》は～から。」という形で書きなさい。（20点）

［　　　］と思っているが、実際は［　　　］から。

「そんな人が、どうして、引退《いんたい》したんでしょうか？」

「そりゃあ……子どもができたからじゃない？　そう、聞いたよ、私は」

「父は、青山コーチに、なんて、言いましたか？」

「引退するって話の時？」青山が聞き返してきた。「どうだったかな……たしか、子どもができたんで、結婚《けっこん》することにした。ミルク代をかせがなくちゃならないから、引退するよとか、そんなふうだったと思うけど」

　むねがしめつけられそうになって、思わず、くちびるをかんで、たえた。早口で青山が言う。「いい父親だったってことでしょ。そのむすめさんを一度もだけなかったっていうのは——無念だったろうとは思うけど」

「それ、いい父親でしょうか？」

「えっ？」

「私のせいで、やめたなんて、そんなこと言われたら……私は——むすめはかなしいです。夢《ゆめ》をあきらめさせてしまったってことですよ。②かんちがいしてますよ、父も、母も。母も言いました。あなたのために正業《せいぎょう》につく決心をしてくれたんだから、いい父親だったのよって。まるで、そう言えば、私が喜《よろこ》ぶだろうと思っているような口ぶりでした。ちがいますよ。やめちゃ、ダメですよ。だって……こんなに楽しそうだったんですよ、父は。下手だったかもしれないけど、大好きだったから、ですよね。心の底から、トランポリンを愛していたから、こんな顔をしてるんです。もっと続けた

3　——③とありますが、睦美の考える「父の本心」とはどのようなものですか。「〜と思っていた。」に続く形で、十五字以内で書きなさい。（10点）

□□□□□□□□□□□□□□□と思っていた。

4　□で囲《かこ》まれた部分の、表現上《ひょうげんじょう》の効果《こうか》の説明として正しいものを次の中から一つ選び、記号を○で囲みなさい。（10点）

ア　睦美の切実な思いにもかかわらず、青山のほうは選手の演技に夢中《むちゅう》で、二人の気持ちがすれちがっていることを表現している。

イ　一気に話した睦美の言葉がとぎれ、二人がそれぞれ心の中で思いをめぐらせているような「間《ま》」ができたことを表現している。

ウ　二人の選手の演技が突然《とつぜん》みだれて失敗する様子をえがくことで、睦美の今後の人生に困難《こんなん》が待ち受けていることを表現している。

エ　青山と睦美の父のトランポリンへの情熱《じょうねつ》が、二人の選手に受けつがれている喜びを表現している。

次のページに続きます。

かったんです、きっと。本心では、絶対《ぜったい》にやめたくなかったはずです。未練があったんです。だから、その未練を断《た》ち切《き》るために、トランポリンにまつわるものをすてなくてはならなかったんじゃないでしょうか。夢をあきらめるきっかけが、自分だったと聞かされた時のむすめの気持ちなんて、想像《そうぞう》してなかったんでしょうね、たぶん。母も、わかってたんだと思います。③父の本心を。だから、私にトランポリンの話をいっさいしなかったんだと思うんです」

ドンと音がして、青山がトランポリン台に目を向けた。
安井《やすい》選手と石丸《いしまる》選手が、跳躍《ちょうやく》をしている。
二人の演技《えんぎ》を、睦美と青山はながめる。
石丸選手がバランスをくずし、そちらのトランポリンベッドに、スポッターマットが投げ入れられた。
バタン――。大きな音が、体育館にひびく。

青山がぽつりと言った。「④永遠《えいえん》に、競技を続けるわけにはいかないさ」

そんなことは、わかってる。睦美は石丸選手が水を飲むのに目を送りながら、反論《はんろん》をむねの中にしまった。

私は、ちょっと変なむすめなのかもしれない。

父が私を思って、大好きなトランポリンをやめてくれたことに感謝《かんしゃ》なんかできなくて、夢をあきらめてしまったことに、はらを立てているなんていうのは。

睦美は手元の写真に目を落とした。

これ以上の幸せはないといった笑顔《えがお》をうかべた父は、トラ

5 ――④とありますが、青山のこの言葉を聞いたときの睦美の気持ちとして正しいものを次の中から一つ選び、記号を○で囲みなさい。（10点）

ア 睦美をなぐさめる青山の言葉が本心からのものではないことを感じ取り、はらを立てている。

イ 思いこみの強すぎる睦美の意見を否定《ひてい》することなく、やんわりとさとす青山に感心している。

ウ 睦美の思いを理解《りかい》せず、わかりきったことを言う青山にがっかりし、反発を感じている。

エ 睦美が考えていたことと同じことを青山に言われ、心を読まれたようで気はずかしく感じている。

6 ――⑤とありますが、なぜですか。次の中から一つ選び、記号を○で囲みなさい。（10点）

ア 父との思い出がよみがえりつらい気持ちになったから。

イ 自分がトランポリンの選手にならなかったことを後悔《こうかい》したから。

ウ 選手やそれを支える人たちのひたむきなすがたに心を動かされたから。

エ 父が愛したトランポリンの世界が、世間に注目されないことに失望したから。

ンポリンベッドの前で、青山となにか話をしている。

やっぱり……うばいたくなかったな。父からトランポリンを。

青山がたずねてきた。「それで、どうして、また、トランポリン協会に就職《しゅうしょく》を？」

「父を……父が愛した世界に、身を置いてみたくて、です」

「どんな世界？　ここは」

首をひねる。「正直言うと、まだ、よく、わかりません。でも、好きです、ここが。それだけは、確《たし》かです。ちゃんと、本物がありますから。ひたむきに努力する人がいて、真剣《しんけん》に支《ささ》える人がいて。⑤初めて大会を観戦した時、なみだが止まりませんでした。かなしくなんてないのに。たぶんですけど、本物だからじゃないかと思うんです。本物って、人の心を動かす力があるんじゃないでしょうか。それで、泣いてしまったんじゃないかって。でも、あまりっていうか、ほとんど光が当たってないですよね、トランポリン競技って。たくさんの人に、この世界を知ってもらうのが、私の仕事だと思ってます。広報の仕事、がんばらなきゃって思ってます」

「今、思い出したよ。⑥ずっと昔、お父さんが同じこと、言ってた。成績《せいせき》が悪くっても、くさったりしないんだよ、鈴木さん。それで、なんでですかって聞いたことがあった。そしたらさ、言ったんだよ。よくわからないけど、好きなんだよって。その写真みたいな笑顔でさ」

ふわっと、うれしくなる。

父が同じことを言っていたなんて……。

7　――⑥とありますが、「同じこと」とはどのようなことですか。十五字程度《ていど》で書きなさい。（10点）

8　睦美のトランポリンに対する思いとして正しいものを次の中から一つ選び、記号を○で囲みなさい。（10点）

ア　父が愛したトランポリンの世界に同じように心ひかれており、仕事を通じて多くの人にトランポリンを知ってもらいたいと感じている。

イ　コーチとしてわかい選手たちを支えることで、父が途中《とちゅう》であきらめたトランポリン選手としての夢を、父の代わりにかなえたいと考えている。

ウ　父がむすめである自分よりも愛したトランポリンの世界をにくみながらも、あえてその世界に身を置いて父からの愛情を受けようとしている。

エ　父からトランポリン競技をうばった自分を許《ゆる》せず、夢をすててトランポリン協会に就職することで罪《つみ》ほろぼしをしようとしている。

《出典》桂望実《かつらのぞみ》『頼《たの》むから、ほっといてくれ』（幻冬舎《げんとうしゃ》刊）

40 うでだめしをしよう

学習日　月　日　得点　／100点

1 次の文章を読んで、あとの問いに答えなさい。

レストランでお客様に対して、「ご注文は何にいたしますか」と聞いている人がいましたが、「いたす」は「（Ａ）」の「けんじょう語」なのであやまりです。「ご注文は何に（Ｂ）」が正しい聞き方です。また、あなたのＣまわりに「先生がＤ申されたとおり……」などと言っている人はいませんか。敬語《けいご》は、知っているだけではうまく使うことができません。意識《いしき》してＥ使用し、Ｆ失礼のない言葉づかいを（Ｇ）につけましょう。

1 （Ａ）（Ｂ）にあてはまる言葉を□に書きなさい。（Ａ5点・Ｂ10点）

Ａ □

Ｂ □

2 ――Ｃ「まわり」を漢字と送りがなで書きなさい。（5点）

□

3 ――Ｄの言葉を正しい敬語に書き直しなさい。（10点）

□

4 ――Ｅ・Ｆの熟語《じゅくご》の組み立てと同じものをあとのア～エの中から一つずつ選び、記号を書きなさい。（各5点）

Ｅ（　）　Ｆ（　）

ア 人造《じんぞう》　イ 単独《たんどく》　ウ 挙手　エ 新品

5 （Ｇ）にあてはまる漢字一字をあとのア～エの中から一つ選び、記号を○で囲《かこ》みなさい。（5点）

ア 口　イ 頭　ウ 手　エ 身

2 次の□にあてはまる漢字をならべかえて、四字熟語を作りなさい。（10点）

不言実□・公明□大・八□美人・天下一□

□□□□

3 次の文章を読んで、あとの問いに答えなさい。

Aわたしは、豊《ゆた》かな自然に囲まれた小さな町で育った。近所にあった小川が、友達との最高の遊び場だった。引っこして以来、その町をおとずれたことは一度もBないが、今でもふと思い出すことがある。

ある日、わたしは、どうしたことかバスを乗りまちがえてしまった。見なれCない景色がまどの外を次々とD流れていく。とほうにくれていると、わたしをおどろかす風景が目に飛びこんできた。昔、いくどとなく通ったあのE小川だ。もちろん、あの小川であるはずがFないが、そっくりなのだ。太陽の光を浴びてきらきらとかがやく美しい川。乗りまちがいに気づいたときはG不安になったが、こんな素敵《すてき》な場所を発見できるとは——。これこそ（　H　）というものだろう。

わたしは興《こう》ふんして、こう車ボタンをおした。

1 ——Aの文の中から形容動詞《けいようどうし》をぬき出し、言い切りの形に直して書きなさい。（5点）

2 ——B・C・Fの中から、助動詞の「ない」を一つ選び、記号を書きなさい。（10点）

（　　）

3 ——D「流れていく」の主語を文章中から書きぬきなさい。（5点）

4 ——E「小川だ」の「だ」と同じはたらきのものを次のア～エの中から一つ選び、記号を○で囲みなさい。（10点）

ア リーダーであるかれの出す指示《しじ》はいつも的確《てきかく》だ。
イ 親友と本音で語り合えることが何よりの喜《よろこ》びだ。
ウ この料理に使われている食材はすべて国産のようだ。
エ ぼくは小学校生活でとても多くのことを学んだ。

5 ——G「不安」の対義語《たいぎご》を漢字で□に書きなさい。（10点）

不安 ↔ □□

6 （　H　）にあてはまることわざを、次のア～エの中から一つ選び、記号を○で囲みなさい。（5点）

ア 後かい先に立たず　**イ** けがの功名
ウ おぼれる者はわらをもつかむ　**エ** 石の上にも三年

Z会グレードアップ問題集
小学5年　国語　改訂版

初版　第1刷発行　2016年9月10日
改訂版 第1刷発行　2020年2月10日
改訂版 第7刷発行　2024年1月20日

編者　Z会編集部
発行人　藤井孝昭
発行所　Z会
〒411-0033　静岡県三島市文教町1-9-11
【販売部門：書籍の乱丁・落丁・返品・交換・注文】
TEL　055-976-9095
【書籍の内容に関するお問い合わせ】
https://www.zkai.co.jp/books/contact/
【ホームページ】
https://www.zkai.co.jp/books/
装丁　Concent, Inc.
表紙撮影　花渕浩二
印刷所　シナノ書籍印刷株式会社

ISBN　978-4-86290-304-4

かっこいい小学生になろう

Z会
グレードアップ
問題集 改訂版

小学5年

国語

解答・解説

解答・解説の使い方

1 段落の関係を理解する

考え方

1　いきなり二つに分けるのはむずかしいので、各形式段落の要点（＝中心となる内容）を整理して、それらの関係を考えてみましょう。1～4段落までは「みっともない」という言葉について説明されていますが、5段落から先は、さらに説明する対象が広がり、「言葉」の「本質」と、言葉を使うときに気をつけたいことが述べられています。これは筆者の意見（考え）です。

　筆者の考えがどこからどこまでかを考えるということは、段落の関係を理解するうえで大切な視点《してん》です。

2　1で解説《かいせつ》しましたが、1～4段落までは「みっともない」という具体的な言葉について説明されています。社長の話題も具体例ですね。そして、5段落で「言葉の意味は使われる場面によって、受け取られ方が変わる」という筆者の考えが出てきます。これは1～4段落の具体的な話題から導《みちび》かれたことです。この流れに合うのは**ウ**です。

　段落のはたらきを考えるときは、具体例との関係に注意するとよいですね。

答え

1　5
2　ウ

ポイント① 考え方 では、各設問《せつもん》のポイントやアドバイスを示しています。

ポイント② 答え では、正解《せいかい》を示しています。

1　自分の解答《かいとう》と 答え をつき合わせて、答え合わせをしましょう。

2　答え合わせが終わったら、問題の配点にしたがって点数をつけ、得点《とくてん》らんに記入しましょう。

3　まちがえた問題は、考え方 を読んで復習《ふくしゅう》しましょう。

読解《どっかい》問題は、答え合わせが終わったら、もう一度問題文を読み直してみるといいよ。

保護者の方へ

　この冊子では、**問題の答え**と、**各回の学習ポイント**などを掲載しています。お子さま自身で答え合わせができる構成になっておりますが、お子さまがとまどっているときは、取り組みをサポートしてあげてください。

1 段落の関係を理解する

考え方

1 いきなり二つに分けるのはむずかしいので、各形式段落の要点（=中心となる内容）を整理して、それらの関係を考えてみましょう。1〜4段落までは「みっともない」という言葉について説明されていますが、5段落から先は、さらに説明する対象《たいしょう》が広がり、「言葉」の「本質」と、言葉を使うときに気をつけたいことが述べられています。これは筆者の意見（考え）です。

筆者の考えがどこからどこまでかを考えるということは、段落の関係を理解するうえで大切な視点《してん》です。

2 1で解説《かいせつ》しましたが、1〜4段落までは「みっともない」という具体的な言葉について説明されています。社長の話題も具体例ですね。そして、5段落で「言葉の意味は使われる場面によって、受け取られ方が変わる」という筆者の考えが出てきます。これは1〜4段落の具体的な話題から導《みちび》かれたことです。この流れに合うのは**ウ**です。

段落のはたらきを考えるときは、具体例との関係に注意するとよいですね。

答え

1 5

2 ウ

2 段落の関係を理解する ①

考え方

1 ――①の前に「技術、そして科学技術は、その時代に生きている人々によって求められ発展してきたものであるはずですから、わたしたちはそれらの科学技術を使う主人公です」とあります。主人公であれば、科学に対して主導《しゅどう》的な立場に立てるはずです。しかし、そのようになっているのでしょうか。4段落に「科学的理論と実用化のレベルが複雑で高度なために、ひとにぎりの人たちにしかわからないむずかしいものになってしまっているのは事実です」とあるように、わたしたちの科学に対する理解は科学の発展とともに進んではいないのです。

2 （ A ）より前では「わたしたちの科学技術に対する理解は、科学の発展とともに進んでいるでしょうか」という問題提起がされていますから、「あなたの周りで、『科学はむずかしいから』と決めつけて、苦手だと思っている人」とは、その具体例ですね。それを導くのは、**イ**「たとえば」です。

3 5段落前半の内容を整理しましょう。

マニュアルの使用
↓
そのしくみなどを知る必要はない
＝
供給する側から示された技術の「良い部分」しか見えない。

この点をまとめているのは**イ**です。「マニュアル」が「わかりやすく伝え」ているのはその使い方であって「背景やしくみ」ではありません。ですから**ウ**は不適切です。**ア**のようになってしまうのは「マニュアル」が原因ではありません。**エ**は[2]段落の内容ですが、「マニュアル」とは関係がありませんね。

4 科学がわからないという人が多いということ、「マニュアル」にたよって科学技術の良い部分しか見ずに、しくみや背景を理解しようとしないという問題点を指摘《してき》して、そのような現状に対して、「良いこと（ベネフィット）も悪いこと（リスク）も考えながら科学技術とつきあっていく」ために「知ること」が必要だ、という筆者の考えを述べているので、[6]段落が正解です。

5 **ア** 科学技術は人々に「理解されながら」という説明が、問題文とは逆《ぎゃく》ですね。

イ 科学技術の良い点も悪い点も知るべきだというのは、「科学の発展に取り残され」ないためではなく、科学技術を生活に取り入れるかどうかを自分で判断するためでしたね。

ウ 筆者は一般の人にも科学について知ってほしいと言っています。「さけるのは当然」というのはまちがいです。

答え

1 ひとにぎりの人たちにしかわからないむずかしいものになってしまっている、と考えている。

2 **イ**　**3** **イ**　**4** [6]　**5** **エ**

3 段落の関係を理解する ②

考え方

1 [2]段落の内容は、これから〝社会にとっての教育の存在理由〟について考えてみます、という表明になっていますから、**ウ**の「話題を提示」ですね。

2 [3]段落では、①「教育」は近代社会のもっとも重要な柱である。②その機能は人々を共同体から解放して、自由な競争のスタートラインにつかせることである、の二点が述べられています。この二点が述べられている段落をさがすと、「共同体の属性からいったんはなれて」「単に〝何のなにがし〟」として「さまざまな能力を競いあう」ことを述べた、[6]段落が見つかります。

3 〝規範やルールを受けいれ〟た結果、子どもたちが将来《しょうらい》どうなるのかを読み解きましょう。「生育して再び父親や母親のような存在になる以外には、共同体の中で生きてゆく道を全くもたなかった」という説明があります。

4 [7]段落の内容から考えると「平準化」は、〝自由に競争できる〟といった意味であることがつかめます。また、[6]段落に「人間は共同体の属性からいったんはなれて、単に〝何のなにがしという名前の人間〟として、さまざまな能力を競いあう」とも述べられていますから、「自由」という点は、「共同体の属性からはなれる」という方向で説明しましょう。

5 「多様な人間と関係をもつ」と、「人間」は「みな同じものなんだという無意識の感覚」が育ち、「他者を自由な存在としてみとめる」ことができるようになります。——③はその逆《ぎゃく》で、「同じ種類の人間どうしでつき合っている度合いが高い」と生じる現象《げんしょう》です。**ア**が正解です。

6 **2**で考えましたが、学校は、人々を「共同体から解き放って」「自由な競争」のスタートラインにつかせることが大事な機能です。これは**ア**と一致《いっち》します。また、**5**でも考えたように「人間」は「みな同じ」であり、「他者を自由な存在としてみとめる」ことを可能にします。これは**イ**と一致します。**ウ**は「一般社会に出たのちの競争」については述べられていません。**エ**の内容は「近代社会以前」の「共同体社会」において言えることですね。

答え

1 **ウ**
2 6
3 そこで子どもは
4 自分の共同体の属性からはなれて、一人の人間として自由な競争をすること。（35字）
5 **ア**
6 **ア・イ**

練習しよう

答え

1 防犯
2 減少
3 原因
4 判断
5 検査
6 往復
7 効果
8 貿易
9 過去
10 事故
11 比べる
12 快い

4 文の組み立て ①

考え方

1 ③「美しい花が、明日にはきっとさくだろう。」というふつうの語順に直すと、主語・述語がとらえやすくなります。

2 答えはどの組み合わせを先に書いてもかまいません。

①「雨の」「ふる」が主語・述語の関係でひとまとまりとなり、続く「休日に」をくわしく説明しています。このように助詞「の」がついて主語になることもあります。もう一組みは「わたしは」「読書する」の組み合わせです。

3 ①と**イ**は重文、②と**ア**は複文、③と**ウ**は単文です。

4 ①「何は―何だ」、②「だれは―どうする」という形になるように書き直しましょう。

答え

1 ①つばめが ②妹でも ③花が ④教えるのは

2 ①(主語)**ア** (述語)**ク**/(主語)**イ** (述語)**ウ**

②(主語)**イ** (述語)**ク**/(主語)**エ** (述語)**オ**

③(主語)**ア** (述語)**イ**/(主語)**ウ** (述語)**ク**/(主語)**オ** (述語)**キ**

3 ①**イ** ②**ア** ③**ウ**

4 ①【例】毎朝あさがおに水をやることです

②【例】かれの考えはすばらしいと思いました

5 文の組み立て ②

考え方

1 修飾語と被修飾語をつなげて読み、意味が通るかを確《たし》かめましょう。

3 ①いつ「書いた」のかを説明しています。「書いた」は用言をふくむ言葉なので、「学生時代に」は連用修飾語です。②どこにある「店」なのかを説明しています。「店」は体言です。

4 ①「むずかしい」以外の言葉は、「解いた」の修飾語です。②「友人に」以外の言葉は、「写真を」の修飾語です。

5 修飾語は一つとは限《かぎ》りません。また、②**ア**「祖父は」と③**ア**「ぼくは」は主語であり、修飾語ではありません。

6 修飾語と被修飾語を近づけると、意味が正確《せいかく》に伝わりやすい文になります。

答え

1 ①**ウ** ②**ウ** ③**キ** ④**ウ** ⑤**エ**

2 取りかかった

3 ①**イ** ②**ア**

4 ①むずかしい ②友人に

5 ①**ウ・エ** ②**ウ・エ** ③**イ・オ・カ** (順不同)

6 わたしは買い物に出かけた母に急いで電話した。

(買い物に出かけた母にわたしは急いで電話した。)

6 文の組み立て ③

考え方

2 ① 前の内容《ないよう》があとの内容の理由になっているので、「順接」でつなぎます。② 前の内容にあとの内容をつけ加えたり、並《なら》べたりする「累加《るいか》（添加《てんか》）」「並立《へいりつ》」の接続語「しかも・そのうえ」「また」などでつなぎます。③「でも」は「逆接」、「よって」は「順接」なので、それらの意味を表す言葉を用いて、一つの文に直します。

答え

1 ① しかし　② それとも　③ ところで　④ なぜなら　⑤ だから　⑥ しかも

2 ①【例】この本はむずかしい言葉が多い。だから、辞書がないとわからない。

② 【例】アライグマによる農作物の被害は増加している。さらに、近年は人に危害を加えることもあるようだ。

③ 【例】私たちは情報に囲まれているが、すべてが正しいとは限らないので、自分自身で情報を見きわめる必要がある。

3 ① ウ　② ア　③ エ　④ イ

4 ①【例】そのうえ　②【例】だから

5 ① Aイ・B(う)　② Aオ・B(い)　③ Aエ・B(あ)

「文の組み立て」は、国語の文法（言葉のきまり）の中でも特に大切な内容だよ。よく確認《かくにん》しておこう。

7 気持ちの変化を読み取る

考え方

❶ 場面ごとの気持ちを読み取りましょう。最初は、「バースデーケーキ、できた？」と「台所にかけこみながら」たずねていることや、「フルーツケーキはわたしの大好物だ」とあることから、うれしく、楽しい気持ちで心がはずんでいるとわかります。一方、最後は、「今日はわたしの誕生日なのに！」という言葉や、「自分の部屋へかけあがった」という行動から、くやしさや悲しみが読み取れます。答えは、誕生日が、「楽しみ・うれしい」というプラスの感情《かんじょう》から、「くやしい・悲しい」というマイナスの感情に変わったことが書けていれば正解《せいかい》です。

❷ **ア**は「わたし」の気持ちが変化する前のできごとです。**エ**は悲しい気持ちに変化したあとに「わたし」がとった行動なので、ちがいます。答えは**イ**と**ウ**です。弟が高熱を出したことで誕生日が台無しになったうえ、お母さんにしかられたことで、「わたし」の気持ちはくやしさや悲しみへと変化したのですね。「二つ選ぶ」という設問《せつもん》の条件《じょうけん》にも注意しましょう。

答え

❶ 最初は自分の誕生日で心がはずんでいたが、最後はくやしく悲しい気持ちになっている。

❷ **イ・ウ**

8 気持ちの変化を読み取る ①

考え方

❶ 行動から気持ちを読み取ります。すみれちゃんは「スキップ」をしたり、「ねこのまね」をしたりしながら、出場するプログラムのタイトルを言っていたのですね。これを見た「わたし」は「すみれちゃんは楽しそう」だと感じています。正解《せいかい》は**ア**です。

❷ 「わたし」は「すみれちゃんは楽しそう」と考えていましたが、このあと、すみれちゃんの笑顔は消え、元気がなくなってしまいます。「わたし」が考えていたのとはちがう結果になったのですね。そのことを、あとから考えて「（　**A**　）だった」と評価《ひょうか》しているのです。したがって、空欄《くうらん》には「考えが足りない様子」を意味する**イ**「あさはか」が入ります。なお、**ア**「したたか」は「てごわくしぶとい様子」を表します。

❸ ①❶で見たように、すみれちゃんはスキップなどをして「楽しそう」でした。しかし、保育園に近づくと様子が変わります。「すみれちゃんの足取りはしだいに重そうになり、笑顔が消えた」のですね。よって、一つめは「楽しそう」、二つめは「笑顔が消えた」があてはまります。

②すみれちゃんの変化の原因《げんいん》を考える問題です。保育園のそばでは、園児たちの家族が子どもと手をつないだり、子どもたちは「ママー」などと親をよんだりしているのですね。「それを見たすみれちゃん」に変化が起こっていることから、これが原因と考えられます。さらに、そんなすみれちゃんの変化を目

にして「わたし」が考えたことに着目します。

> 実際にそれ（お母さんが運動会に来てくれないという事実）がどういうことなのか、（すみれちゃんは）今になってはじめてわかったんじゃないだろうか。

これらの部分から、答えは「家族といっしょにいる園児たちを見た」、「お母さんが運動会に来てくれないということがどういうことか、はじめて理解した」という二点をまとめましょう。

4 32行目に「保育士さんには事情がわかっているのだろう」とあることから、**ウ**が正解です。

アは、「わたしの手をはなさない」（29行目）とあり、いやがっていません。**イ**は、すみれちゃんが笑顔を取りもどした様子は問題文にえがかれていません。**エ**は、お母さんはすみれちゃんについて「かわいそうねえ」とは言っていますが、すみれちゃんのお母さんにはらを立てている様子はえがかれていません。

答え

1 ア

2 イ

3 ①楽しそう／笑顔が消えた

②家族といっしょにいる園児たちを見て、お母さんが運動会に来てくれないということがどういうことか、はじめて理解したから。

4 ウ

9 気持ちの変化を読み取る ②

考え方

1 ①「『どうして仕事のじゃまをするの？　本当に『お母さん』やめちゃうわよ。……』由美はそんなふうにしかられるにちがいないと、身体をふるわせた」（10〜13行目）とあります。この部分から、「仕事のじゃまをすることにはらを立てている」「『お母さん』をやめてしまいたい」の二点をまとめましょう。

②実際のお母さんの言葉と行動を確認《かくにん》します。「由美に近づくと、いきなり身体をぎゅっとだきしめて」、「すぐに会社やめる」と言ったのですね。仕事をやめてでも、むすめを大切にしようという気持ちが読み取れます。正解《せいかい》は**エ**です。

2 ――②の直後に「ハーブガーデンに通ってる自分を、見つけてほしかった。悪いことを重ねていく自分を止めてほしかった。」とありますね。答えはこの二文の内容《ないよう》をまとめます。

3 ――③の直前の文に注目しましょう。「あこがれって、どんなに光って見えても、近づいてよく見たら、よごれていたり、欠けていたりするものなのかもしれない。」とありますね。由美の「あこがれ」の存在《そんざい》であるさくらちゃんにも、実際には「よごれ」や「欠け」があるかもしれないというのです。設問《せつもん》の文ではこのことを「欠点をかかえ、□できずに苦悩している」と言いかえています。42行目の「自分に満足」を入れれば、「よごれ」や「欠け」をかかえているという説明にあいますね。

4 「『松川由美』のままでがんばる」と決意しているということ

は、これまでは「『松川由美』のままでがんばっていなかった」と推測《すいそく》できますね。それはどのような状態《じょうたい》なのかを考えましょう。すると、40～41行目に「自分なんてきらい。もっと、ちがうだれかに生まれたかった。ずっとそんなふうにいじけてきた」とあります。ここから、「ちがうだれかに生まれたかったといじけるのではなく」という内容をまとめます。さらに、「『松川由美』のままがんばる」をわかりやすく言いかえましょう。「自分らしさを受け入れて生きる」「ありのままの自分で生きる」といった内容が書ければ正解です。

5

「取りかえしのつかないことをしているようで、ずっとこわかった」由美ですが、お母さんにだきしめられて「会社やめる」と言われたことで、**4**で見たようにありのままの自分を受け入れてがんばる決心をしました。この変化をおさえたのは**ウ**です。

答え

1 ①由美が仕事のじゃまをすることにはらを立て、母親であることをやめてしまいたいという気持ち。
②**エ**

2 塾や学校をさぼってハーブガーデンに通う自分を見つけ、悪いことを止めてくれること。

3 あこがれ／自分に満足

4 ちがうだれかに生まれたかったといじけるのではなく、自分らしさを受け入れて生きていくということ。

5 **ウ**

練習しよう

答え

1 財産　2 利益　3 留守番　4 経験
5 責任　6 技術　7 能率　8 情報
9 険悪　10 建設　11 現れる　12 断る

10 同音異義語《いぎご》・同訓異字

考え方

1 漢字のもともとの意味にもどって考えて、文章の内容《ないよう》にあうものを選びましょう。①は物事のなりゆき、②は物事が進む様子、⑤は解《と》き放して自由にするという意味です。

2 ①「現す」はかくれていたものが見えるようにすること、「表す」は気持ちや考えを言葉や表情などに出すことです。②「治める」はしずめる、または支配《しはい》すること、「修める」は学んで身につけることです。④「務める」は役目を受け持つこと、「努める」は努力することです。

4 ②**イ**「容易」はかんたんという意味です。④**ア**「厚」は、あつみがあることのほか、心がこもっているという意味があります。

答え

1 ①**イ** ②**ア** ③**ウ** ④**イ** ⑤**ウ**

2 ①現す ②修める ③作る ④務める ⑤敗れた ⑥絶つ ⑦減る ⑧測る

3 ①**ア**会心 **イ**改心 ②**ア**支持 **イ**師事 ③**ア**冷 **イ**覚 ④**ア**止 **イ**留

4 ①**ア**保健 **イ**保険 ②**ア**用意 **イ**容易 ③**ア**性格 **イ**正確 ④**ア**厚 **イ**暑 ⑤**ア**身 **イ**実

11 対義語・類義語

考え方

1 ⑤「異国」はよその国のこと、「祖国」と「母国」は自分が生まれた国のことです。

2 ①「有利・不利」、④「主観・客観」は、一字が共通である対義語ですね。まずは、これらを確実に覚えましょう。

3 それぞれの対義語にふくまれる漢字を組み合わせると、①は「悲喜《ひき》」、②は「軽重」、③は「勝負」、④は「遠近」という熟語ができます。

4 ②「口外」と「他言」は、ほかの人に話すことです。

5 ②「消費」は使ってなくすこと、「生産」はくらしに必要な物を作り出すことです。

答え

1 ①**ア** ②**ウ** ③**ア** ④**ア** ⑤**イ** ⑥**ウ**

2 ①不（利） ②解（散） ③理（性） ④客（観） ⑤（予）想 ⑥（活）発 ⑦向（上） ⑧（消）息

3 ①悲しむ ②軽い ③負ける ④近い

4 ①**ア・オ** ②**イ・ウ** ③**ウ・オ**（順不同）

5 ①結果 ②生産 ③形式 ④平和 ⑤自然 ⑥公平 ⑦永遠 ⑧短所

12 主張を読み取る

考え方

1 1段落で示された数字は、「年間一七〇〇万トン、一人当たりに直すと約一五キロ」です。これは単純《たんじゅん》な数字ですが、これを「ご飯茶わん」で「約六十食分の食料」と説明し直すと、目の前にたくさんのお茶わんがならんだ光景がうかぶのではないでしょうか。数字を身近なものに例えることで、実感しやすくしているのですね。**ア**は「数値目標」を設定しているという点がまちがいです。また、「動かしがたい事実」ならば、最初の数字のみでも構《かま》わないので、**イ**も不適切《ふてきせつ》ですね。「張本人は自分たちである」という**エ**の内容は問題文に合いますが、「身近な数字」を出す意図とは結びつきません。

2 筆者は1〜2段落で、「食品ロス」の数値におどろいてほしい、といった話をしています。これは自分たちがすてている食品の量の「可視化」ということです。そこで、「可視化」の意図を考えると、「取り組み」の「定着」であるとつかめます。もちろん、「食品ロス」を減らす取り組みのことですね。これらをまとめます。

答え

1 ウ

2 どれだけ食品をすてているか／食品ロスの減少

13 主張を読み取る ①

考え方

1 ——①をふくむ段落《だんらく》では、二つのタイプのジャーナリストを比《くら》べています。まず「自分の意見をどんどん社会に発信していくタイプ」で、これは多数派《たすうは》です。そこで筆者は、「あえて自分の考えはおさえ」「考えてもらう材料を提供する」役割の人間であろうと述《の》べています。解答では「自分の意見をおさえる」ことと「考える材料を提供する」ことの二点をおさえましょう。

2 ——②は、筆者に意見を求める人たちへの答えの一部です。筆者はそもそも「意見」とは「国民一人ひとりが考えることであって、こちらからおしつけるものでは」ない、と理解しています。人に意見を聞いてしまったら、それができませんね。したがって**ア**が正解です。

3 （ A ）の前では、自分の考えをあえて言わない、ということが述べられていますが、後になると「生身の人間」であるから、「どうしても」「自分のスタンスやニュアンスは出てしまう」、といった、（ A ）の前とは反対の内容《ないよう》を述べていますね。したがって、逆接《ぎゃくせつ》の関係の言葉を選びましょう。

4 31〜37行目に着目しましょう。ここでは「……民主主義は守られていきます」「民主主義というものは……によって成り立ちます」「……こそ、民主主義が確保できるのです」という表《ひょう》現《げん》がくり返されています。まず一つ目は、「国民一人ひとりが自分の頭で考え、行動することによって」守られているということ、二つ目は「十分な判断材料の情報をあたえられた市民によって成り立」つ、ということです。これらを条件《じょうけん》文に合うように、指定字数でぬきだしましょう。これらを支《ささ》えるのが、「その情報を伝える健全な複数のメディア」の存在なのですね。

5 筆者の考えとして「正しくないもの」を選びます。

ア どうしても出てしまう「自分のスタンスやニュアンス」を「どうおさえるか」に「苦労」し「工夫」していることが述べられています。

イ 「民主主義」がどのように確保されるかは、**4**でも考えましたね。「強力な指導者」ではなく、「国民一人ひとり」が考えることが大切なのです。したがって**イ**がまちがいです。

ウ 「健全な複数のメディア」が「存在」することによって、「物事を判断するための材料」が提供され、わたしたちはものを考えることができるのでしたね。

エ 最後から二つ目の文で、筆者は「つらいけれども（＝楽なことではないが）」と前置きして、「一人ひとりで考えましょうよ」というメッセージを送っていますね。

答え

1 自分の意見はおさえておいて、みんなに考えてもらう材料を提供するタイプのジャーナリスト。

2 **ア** **3** **ウ**

4 十分な判断材料の情報／自分の頭で考え、行動すること

5 **イ**

14 主張を読み取る ②

考え方

1 （ A ）は、「編集委員と編集者にとって」「他の辞書と『三国』を区別する大事なもの」「根幹となる」「編集方針」です。辞書を編さんする際の「ルール」「約束」といったことと考えられます。この説明に合うのは、**エ**の「憲法」ですね。

2 ❶ ――①の直後では、以下のように説明されています。「国語辞典は、資料とする範囲《はんい》が新聞の文章や文学作品などであることが多いため、そこに出てこないことばは項目として立ちにくい傾向があります。」これは**エ**の説明にあたります。

❷ 右のような態度とは、いくら街中で使われていても、新聞や文学作品で用いられていなければ、一般的な言葉ではないと判断《はんだん》する態度です。これは「辞書というものは、むずかしいことばの意味を正しく知るためのもので、俗なことばを積極的にのせる必要はない」という考えです。筆者はこれを「規範主義」とよび、『三国』の「実例主義」と比較《ひかく》して説明しています。

3 ――②については、直後で、「新聞や文学作品のことばには少ないが、街の中には『甘熟』は厳然としてあ」り、「一過性のものではなく、それなりに広がりを見せ、定着している」のだから「まぎれもなく日本語」であるという態度だと説明されています。「一過性のものではない」「広く定着している」という二点をおさえましょう。

4 筆者は自分が編さんに関わっている『三国』は「実例主義」

であると述べています。これは、新聞や文学作品には見られない造語であっても「一過性のものではなく、それなりに広がりを見せ、定着している」「今そこにある日本語」をのせようという考え方です。問題文の後半、「ことばをかえて言えば……」のあとに着目すると、「今の日本語がどうなっているか」を「反映」させることだと表現している部分が見つかるでしょう。

5 問題文の内容としてあわないものを選びます。

イ「むずかしいことばの意味を正しく説明することを重視する辞書」は、「規範主義」の辞書ですが、筆者はこれを「世の中の姿を反映できない」「実用的ではない」というように批判《ひはん》しているわけではありません。筆者は二つの主義に「優劣はない」という態度なのです。したがって**イ**がまちがいです。

答え

1 **エ**

2 ①**エ** ②規範主義

3 （「甘熟」ということばは、）一過性のものではなく、世の中に広く定着しているから。

4 今の日本語がどうなっているか（14字）

5 **イ**

練習しよう

答え

1 寄付 2 採集 3 授業 4 組織

5 主張 6 絶対 7 均等 8 復活

9 独特 10 報告 11 貧しい 12 混ぜる

15 慣用句

考え方

1 慣用句とは、二つ以上の言葉が組み合わさって特別な意味を表す言葉です。一つ一つの言葉の意味だけでなく、文脈《ぶんみゃく》をふまえて考えましょう。

2 体の一部を使った慣用句は多いので、意味とともにしっかり覚えておきましょう。❶は「考えこむ」から「頭」、❸は「見分ける」から「目」、❺は「聞く」から「耳」が連想できます。

3 ❺「らちが明かない」は、何かの事情《じじょう》で物事がはかどらない、問題がかたづかないという意味です。❻「花を持たせる」は、相手を喜《よろこ》ばせるために、勝利や手がらなどをゆずるという意味です。

4 ④「油を売る」は、むだ話をして仕事をなまけること、⑤「気が置けない」は、気を使わず打ち解《と》けてつきあえることなので、この文脈に合いません。それぞれ「血のにじむ（ような努力）」、「気が遠くなる（ような長い年月）」などがあてはまります。

答え

1 ❶ウ　❷ア　❸イ　❹オ　❺エ

2 ❶頭　❷足　❸目　❹顔　❺耳

3 ❶相づち　❷板　❸水　❹羽　❺らち　❻花

4 ①むね　②いき
使い方をまちがえているもの　④・⑤

16 ことわざ

考え方

1 ❶「あぶはち取らず」は、よくばって二つのものを手に入れようとして、両方ともものがしてしまうという意味です。

2 ❶「一寸《いっすん》」は約三センチメートル、「五分《ごぶ》」はその半分の長さということです。

3 ❷は、二つのもののちがいがとても大きいこと、❸は、手ごたえがないことを表します。

4 ❶「後は野となれ山となれ」は、後はどうなってもかまわないという無責任《むせきにん》な態度《たいど》のことで、「立つ鳥あとをにごさず」は、立ち去るときは、あと始末をきちんとして迷《めい》わくがかからないようにしていくものだということです。

5 ❸は、人にした親切はいつかめぐりめぐって自分に返ってくること、❹は、用心の上にも用心を重ねることを表します。

答え

1 ❶はち　❷たい　❸犬　❹とび（とんび）

2 ❶（順に）一・五／ウ　❷（順に）一・一／イ　❸（順に）千・一／ア　❹（順に）七・八／エ

3 ❶かっぱ　❷ちょうちん　❸のれん　❹ぶた

4 イ

5 ❶ア　❷ウ　❸イ　❹オ　❺エ

17 詩の表現方法を理解する

考え方

1 ――①をふくむ連は、第一連の内容《ないよう》（スーパーの魚や肉が、ちょっと前まで生きていたという気づき）をお母さんに言ったところ、お母さんが「命をもらって生きているのよ」「わたしたちは責任重大ね」と答えた、という内容です。それぞれの「『……』って」のあとに、「答えた」や「言った」などの言葉をおぎなうと完全な文になりますね。よって、ここではあとに続くはずの言葉を省略する**ウ**「省略法」が使われていることになります。

2 「リレー」の特徴《とくちょう》を思いうかべましょう。リレーは、何人かの選手が、バトンを受けわたしながらゴールを目指す競技です。第二連のお母さんの言葉にあるように、わたしたちは「命をもらって生きて」います。これは、魚や家畜から「命」という「バトン」を受け取っていることと重なりますね。よって、正解《せいかい》は**エ**です。**イ**の「食べないようにする」では、動物の命という「バトン」を受け取れないのであやまりです。

答え

1 **ウ**
2 **エ**

自分の気持ちを素直《すなお》に、短い言葉で表現《ひょうげん》したものが詩だよ。みんなも詩を作ってみよう！

18 詩の表現方法を理解する

考え方

1 第一連全体を読んで考えます。「海の地図は　太陽がかく／ひかりの棒で　ゆびさしてかく」とあるので、――①は「太陽が、ひかりの棒でゆびさして海の地図をかく」ということだとわかります。太陽の「ひかりの棒」は、太陽の光線だと考えられますね。それをつかって、海に地図をかくというのですから、「ひかりの棒」は海の水面へととどいているはずです。よって、正解《せいかい》は**ア**です。

イは、主語が「雨」になっているのでちがいます。**ウ**は、「太陽が雲にかくれて」という部分が「ひかりの棒」で「海に地図をかく」という表現とあいません。**エ**は、光の向きが逆《ぎゃく》になっています。太陽が海に地図をかくのですから、光は空から海へ向かうはずですね。

2 「あわないもの」という条件《じょうけん》に注意します。**ア**は、「ツバメ」「ツル」と同じ音を重ねているので適切《てきせつ》です。**イ**は、「ドリ」と「ドーリ」という似た音を重ねており、適切です。**エ**は、二行とも七音・五音というリズムになっており、適切です。正解は**ウ**。「アホウドリ」を「大通り」にたとえてはいません。

3 21行目の「アッチ・コッチ・ソッチ・ドッチ……」までは、太陽が「海の地図」をかくために生き物たちに指示をあたえている様子が具体的にえがかれています。そして最後の四行で、この詩のまとめともいうべき内容《ないよう》が述《の》べられています。

何千何億の　年のながれのなかで
何千何億の　いのちの配置きまり
太陽に見まもられて
海の地図は　にぎやか

最初の空欄《くうらん》には「年のながれ」、次には「いのちの配置」が入ります。太陽は、何千年何億年もの時間をかけて、何千何億もの海の生き物たちのいのちの配置を、「カニや　お前は砂の家」という具合に一つ一つ決めていたのですね。

4 **ア**は、「時代による海の変化」はえがかれていません。また、擬人化されて語っているのは太陽だけで、海の生き物たちは語っていません。**ウ**は、おだやかだったりあれたりする海の様子はえがかれていません。また、**ア**と同じく「生き物たちの言葉」はえがかれていません。**エ**は、「海の環境がこわされていく悲劇」は詩の中でえがかれていません。正解は**イ**。太陽の生き物への指示は、「カニや　お前は砂の家／ウツボ　あんたにゃこの穴だ」のように、親しみのある口調になっています。「海の生態系」という大きなテーマでありながら、やさしく楽しくえがいているのがこの詩の特徴《とくちょう》ですね。

答え

1 ア　**2** ウ
3 年のながれ／いのちの配置
4 イ

19 品詞 ①

考え方

1 ①「信じる」は動詞《どうし》、ほかは形容動詞《けいようどうし》です。②「あれ」は名詞、ほかは形容詞です。③「正しい」は形容詞、ほかは名詞です。「願い」は、動詞「願う」の連用形「願い（ます）」から名詞になったもので、「い」で終わっていますが、形容詞ではありません。活用がないこと、「願いがかなう。」のように主語になることから、名詞だと判断《はんだん》できます。④「明らかだ」は形容動詞、ほかは動詞です。

3 ①「見事だ」は形容動詞、②「強い」は形容詞です。

5 「むかえる」は動詞ですが、「むかえ」は名詞であることに注意しましょう。「むかえが来た。」のように主語にもなります。

答え

1 ①信じる ②あれ ③正しい ④明らかだ

2 ①（順に）ア・イ・エ・ア・イ
②（順に）ア・ア・ア・ウ・ア・エ・ア・イ・ア

3 ①見事だ ②強い

4 ①おだやかな ②軽けれ

5 おくれる・来る（順不同）

20 品詞 ②

考え方

1 自分の動作について述《の》べている文を、相手にその動作をさせるという文になるよう、動詞《どうし》に助動詞をつけて書き直しましょう。②「着せる」とすると、自分の動作を表す一つの動詞になり、助動詞が使われていないのであやまりです。

2 ①母から動作を受けています。②「案じる」とは「心配する」という意味です。「案じられる」とすることで、自然と心配する気持ちがわき上がってくることを表しています。③⑤は「覚えることができる」「組み立てることができる」と言いかえることができます。④⑥は「お客様」「社長」に敬意《けいい》を表しています。

3 ①アとイは、「人々」「妹」から動作を受けている「受け身」、ウは「できる」という意味の「可能」です。②アとウは「受け身」でイは「尊敬《そんけい》」、③イとウは「可能」でアは「受け身」です。

4 「走る」に「ない」をつけると「走らない」となります。「ない」の前の「ら」はア段《だん》の音なので、「走ら＋せる」とします。

答え

1 ①急がせる ②着させる

2 ①ア ②ウ ③イ ④エ ⑤イ ⑥エ

3 ①ウ ②イ ③ア

4 【例】先生が、部員たちに運動場を走らせる。

21 品詞 ③

考え方

1 「ない」の部分に打ち消しの助動詞「ぬ」をあてはめて、意味がとおるかどうかを確《たし》かめましょう。意味のとおらない**イ**・**オ**・**カ**は形容詞、**エ**は形容詞「きたない」の一部です。

2 ①他人から聞いたという意味を表す「伝聞」は**ア**です。**イ**は「大勢いそうな様子」という意味であり、「様態」になります。②「はだの白さ」を「雪」にたとえている**イ**が「たとえ」、**ア**は「推《すい》定《てい》」の意味を表します。③**ア**は動詞＋「だ」であることから、「過去」の助動詞と判断《はんだん》できます。**イ**は「公園である」と言い切っている文なので、「断定」の助動詞です。

3 ①聞くという意志、②間に合いそうな様子（様態）であること、③完成するとおしはかること（推量）、④まねをしたいという弟の希望、⑤書いたという過去を、それぞれ表しています。

4 ②「上陸しそうだ」（様態）としないように注意しましょう。

答え

1 **ア・ウ**（順不同）

2 ①**ア** ②**イ** ③**イ**

3 ①**エ** ②**オ** ③**ウ** ④**イ** ⑤**ア**

4 ①住みたい ②上陸するそうだ

「品詞」の考え方は少しむずかしいけれど、中学校以降《いこう》の国語の学習でよく出てくるよ。今のうちに理解《りかい》しておくといいね。

22 複雑な心情を読み取る

考え方

1 圭介は、「なみなみならぬ決意」をいだいて懸命《けんめい》に練習したのに選手に選ばれず、「夢が今、くだけ散った」状態《じょうたい》なのですね。それなのに、笑顔をうかべています。しかしそれは「不自然な笑顔」です。その理由を、拓哉は次のように考えています。

> 圭介は、自分のことを気にして、おれが試合で活躍できなくなることをおそれているのだ。だからわざとおどけている。

この内容《ないよう》を正しくおさえたのは**イ**です。表情と気持ちが必ずしも一致《いっち》していないことに注意しましょう。

2 ――②には「うれしい」「くやしい」「おこりたい」という三つもの心情が書かれており、気持ちのみだれが読み取れます。

問題文のはじめに「夢のような気持ちでユニフォームを受け取」ったとあることから、選手に選ばれたことは「うれしい」のですね。しかし、「圭介のくやしさは、拓哉のくやしさ」であり、1で見たような不自然な笑顔で接する圭介に「かっとし」てしまっています。これらをすべておさえたのは**エ**です。

答え

1 イ
2 エ

23 複雑な心情を読み取る①

考え方

1 設問《せつもん》の「だれに対する」の部分は、みらいの言葉から符音だとわかります。メッセージの内容《ないよう》は、直前の「こういう生き方もあるから覚えておけよ」ですが、「こういう生き方」の説明が必要です。この内容は、直接《ちょくせつ》は書かれていませんが、次の部分から考えることができます。

> 符音にリレーのよさも伝えたくって。符音ってさ、いつもひとりで走ってたじゃない。

「ひとりで走ってた」符音に対して、リレーは「みんなで走る」競技ですね。答えはこの対比《たいひ》がわかるようにまとめます。

2 「なんで（チームBのアンカーは真歩じゃなきゃ）ダメなのか考えろよ」とみらいに言われた真歩の、そのあとの行動を見てみましょう。チームBのメンバーをサブトラックへさそい、指示《しじ》を出しています。このことから、みらいの言葉を受け止め、反省して行動を改めたことがわかります。よって答えは**エ**です。**ア**は、みらいにあこがれていたという記述《きじゅつ》はありません。**ウ**は、**イ**は、みらいの言葉を「的外れ」とは感じていません。みらいに対してあきれていることは読み取れません。

3 2でも見たように、「頭の中のきりが、すっと晴れた」あとに真歩がとった行動は、チームBのメンバーにキャプテンとして、またアンカーとして指示を出すことでした。もやもやした気持ちが晴れ、自分の果たすべき役割《やくわり》がはっきりとわかったことを――③のように表現《ひょうげん》しているのですね。答えは**イ**です。**ア**は、アンカーを任されたことが不安だったのではありません。**ウ**は、今日の試合の勝ち負けで符音が引退《いんたい》するかどうかが決まるという記述はありません。**エ**は、「結果を……求めようともしていなかった」ので、チームBを強くする方法を考え続けてきたというのは不適切《ふてきせつ》です。

4 心情の変化をとらえます。最初の□にはみらいの言葉を聞く前の真歩の心情が入りますが、それを表すのは21～22行目の「結果をおそれるどころか、求めようともしていなかった」です。これは、チームBがAに勝てるはずがないと、最初からあきらめていた、という意味です。次の□は、主力であるチームAに対してどのような気持ちが生まれたのかをさがします。すると、つぐみと美玲の「チームAに勝てるかも」「ちがうよ。勝ちにいくんだよ」というやりとりが見つかります。これは真歩の言葉ではありませんが、同じチームBのメンバーとして、気持ちを共有していると考えられます。

答え

1 いつもひとりで走っていた符音に対する、リレーのようにみんなで力を合わせる生き方もあるから覚えておいてほしいというメッセージ。

2 **エ** **3** **イ**

4 結果をおそれるどころか、求めようともしていなかった／勝ちにいくんだ

24 複雑な心情を読み取る②

考え方

1 「ひょうしぬけ」は、「張《は》り合《あ》いがなくなること」という意味です。身構《みがま》えていたのに、たいしたことがなくて力がぬけるようなときに使います。大和田も「おれ」も、箱で顔をかくす庄司はどんなにみにくい顔なのだろうと身構えていたのですね。それが「コンプレックスを持つような顔」ではなく、「かっこいいといわれる顔」だったのでひょうしぬけしたのです。

2 箱をかぶるようになった事情を説明する庄司の言葉に注目します。「出木杉くんって、ドラえもんに出てくる顔がこいやつ……に似てるって、ずっとからかわれていたんです」「なぐられたこともありました」などの言葉をもとにまとめましょう。

3 直前の大和田の言葉に着目します。「顔も名前もたいしたことじゃねえじゃん」と言っており、庄司が学校に行けなくなるほどなやんだ問題は、大和田にとっては気にしなくてもよいことなのですね。答えは**エ**です。

4 「おれ」は、――④の前の庄司と大和田のやりとりを見ています。「顔も名前もたいしたことじゃねえ」という大和田に、庄司はむきになって「この気持ち、大和田くんにはわからない」と言い返します。すると大和田は、「今、おまえのことをからかうやつはいない」「顔も名前も関係ねえ」と説得《せっとく》します。それを受けて、庄司は納得《なっとく》したようにだまったのですね。その庄司の様子を見た「おれ」は、「もう箱はいらないよね」とある

ように、箱は不要だと判断《はんだん》し、燃やしたのだと考えられます。

5 一つ前の庄司の言葉に、「植物を大きなはちに植えかえると、急に大きくな」る。「それまではちに合わせて小さく生きていた」とあります。これは、箱をかぶって小さく生きてきた自分と植物を重ね合わせ、箱をぬいだことで可能性の広がりを感じているのだと考えられますね。答えは**イ**です。

6 大和田は庄司に「おまえは変人だ。……ちょっと暗い。でも、おれはおまえのことがきらいじゃない」と言っており、庄司のよいところも悪いところも受け入れていることがわかります。この言葉を聞いて、庄司は箱をぬぎ、新たな一歩をふみ出そうという気持ちになったのですね。答えは**ウ**です。

答え

1 コンプレックスを持つような顔
かっこいいといわれる顔

2 中学のとき、ドラえもんに出てくる出木杉くんに顔が似ていると不良たちにからかわれ、なぐられたこともあったから。

3 **エ**

4 庄司をからかうやつは今はおらず、顔も名前も関係ないという大和田の説得にだまった庄司を見て、もう箱はいらないと思ったから。

5 **イ**

6 **ウ**

練習しよう

答え

1 提案　2 測定　3 資金　4 禁止
5 解決　6 義務　7 準備　8 態度
9 実際　10 複雑　11 慣れる　12 増える

25 熟語①

考え方

1 ③「規」「則」ともに、きまりという意味があります。④は「増《ふ》える」と「加える」という似た意味の漢字の組み合わせです。⑤・⑥は決まった打ち消しの語がつく熟語ですが、「不運」「非《ひ》運《うん》」、「未定」「否定《ひてい》」など、複数《ふくすう》の語がつく漢字もあります。

2 ①「青い空」、②「車に乗る」、③「日が照る」と読むと意味がわかります。

3 ①・**ア**は反対や対の意味の漢字を組み合わせたものです。②は「県が営《いとな》む」、**カ**は「気が長い」となり、主語・述語の関係にあるものです。③は「非」、**オ**は「不」が打ち消しの語です。

5 ①「絶体絶命」は、追いつめられて、のがれる方法がないことです。②「言語道断」は、言葉では言い表せないほどひどいことです。

答え

1 ①勝 ②右 ③規 ④加 ⑤無 ⑥不
2 ①**イ** ②**ア** ③**ウ**
3 ①**ア** ②**カ** ③**オ** ④**イ** ⑤**エ** ⑥**ウ**
4 ①一・千・いちぼうせんり ②十・十・じゅうにんといろ
5 ①絶体絶命 ②言語道断
6 ①**ウ** ②**ア** ③**イ**

26 熟語②

考え方

1 ③「円が高い」で、主語・述語《じゅつご》の関係にあるものです。

2 ①は上下とも音読みのもの、②は上下とも訓読みのもの、③は上が音読み、下が訓読みのもの（重箱読み）、④は上が訓読み、下が音読みのもの（湯桶《ゆとう》読み）です。

4 ②は送りがなをつけることをわすれないようにしましょう。⑤は「さくじつ」、⑥は「かみて」「うわて」とも読めますが、「特別な読み方をする」という条件《じょうけん》があるので、⑤「きのう」、⑥「じょうず」と読みます。なお、⑥は文脈《ぶんみゃく》からも「じょうず」という読み方に決まります。

6 ①「物音」「音色」「音楽」「音読」の四つの熟語ができます。②「新春」「春風」「春分」「春雨」の四つの熟語ができます。

答え

1 ①**ア・い** ②**エ・う** ③**ウ・お** ④**イ・あ**
2 ①**ア・キ** ②**オ・ク** ③**イ・エ** ④**ウ・カ**
3 ①めがね ②はかせ ③まじめ
4 ①今年 ②手伝い ③八百屋 ④果物 ⑤きのう ⑥じょうず ⑦へや ⑧とけい
5 ①かぜ・かざかみ・**イ** ②あめ・あまぐ・**エ**
6 ①音 ②春

27 筆者の経験と感想を読み取る

考え方

1 少しむずかしい問題でした。問題文の3〜12行目は筆者の小学生のころを思い出している部分ですが、これを思い出しながら「祖母はとじこめた思いを天国からとどける気になったのかもしれない」と感じています。この感想が生まれるきっかけとなった出来事を答えましょう。大切なのはもちろん手紙が出てきたことですが、これがだれからだれにあてたものであり、いつ見つけたものなのかがわかるようにすることがポイントです。

2 「天国からとどける」という表現《ひょうげん》から、生きている間には伝えることのなかった、祖母から孫への思いであることがわかります。「わたしが帰ったらわたすつもりで」「いや、きっとわたすのをためらったのにちがいない」という手紙に書かれていたのは「生まれて初めておばあちゃんのそばをはなれたのね。少しさびしいです」という言葉ですね。この「さびしさ」をおさえているのは**イ**と**エ**です。**エ**は「よそよそしかった」ことを「さびしさ」の原因《げんいん》としていることがまちがいですね。

答え

1 祖母の死後、小学生のころに自分が書いたはがきへの返事を見つけたこと。

2 **イ**

28 筆者の経験と感想を読み取る ①

考え方

1 筆者の俵万智《たわらまち》さんは、高校で国語の先生をされていた頃《ころ》に出版《しゅっぱん》した歌集『サラダ記念日』がベストセラーになった歌人です。授業で短歌を教えていたと思われるのも当然ですが、実《じっ》際《さい》は「国語の授業で」「取り上げることはほとんどな」かったのですね。しかし、「国語表現」では「試験の傾向とか……気にしなくていい」「自分が愛してやまない、短歌という表現手段で」「思いっきりやりたいことをやろう」と考えたのです。これは**エ**と合います。**ア**は短歌を扱えないことを「不満」とは述べていない点、**イ**は就職する生徒のために、という方向で説明していることが、問題文と合いません。**ウ**は「気楽にできる」とは考えていなかった点（むしろやる気にあふれていますね）がまちがいです。

2 オノマトペは「擬態語《ぎたいご》・擬声語《ぎせいご》」ともよばれていますが、問題文にわかりやすく説明されています。選択肢では**ア・ウ・エ**はすべて「物事の状態や様子を表す言葉」（擬態語）、**イ**だけが「音を写したもの」（擬声語）になっています。
　それらが実際に出ている音のことを表現しているかどうかがポイントです。

3 「手あかのついた表現」は、「絶対ダメ」と筆者は言っています。具体的には「しんしんと雪がふる」「星がキラキラ」といった表現です。これを筆者は「ありきたりな言い回し」と呼んでいますね。反対の意味となるのが「今までにないものを発明しちゃう」ことです。

「手あかのついた」は、辞書を引いてみると「使い古された」といった意味が出てくるので、覚えておきましょう。

4 作った短歌をほめようと思って「授業で読みあげ」「黒板に書き写し」たときには「今ひとつ」だった生徒たちに、「プリントにして配」ったら一気に「短歌熱が高まった」理由は、直後の二文で述べられています。「自分の言葉が形としてきざまれる喜びを、紙はあたえてくれる」に着目して、答えをまとめましょう。

5 **4**でも考えましたが、プリントにしたことで生徒たちは短歌を作ることに喜びを感じるようになりました。音声や黒板の文字とは「ちがう力」を、「紙に感じていた」というところから、**エ**の「紙の力」が正解とわかります。

答え

1 **エ**
2 **イ**
3 ありきたり
4 自分の言葉が形としてきざまれる喜びを感じたから。
5 **エ**

29 筆者の経験と感想を読み取る ②

考え方

1 ――①直後の説明を読んでいくと「きき上手」は、相手の話を「ふんふん、といってきいていること」「大げさに相づちを打」つことではないとわかります。では、どうするのかというと、「相手がおもしろがるような話題」を「まず自分が」「提供する」のですね。「きき上手」とは「ジャーナリスト」に必要な条件《じょうけん》を述《の》べる中で出てきたものですから、相手が「もっとおもしろい話」をしてくれるためには、こちら（ジャーナリスト）はどうすればよいか、というように考えてもよいですね。

2 直後の「自分がおもしろいと思ったことでも、相手がぜんぜん興味を示さない」に着目します。「おもしろい」とは、そのひとそのひとによってちがうのだとわかるでしょう。これにあうのは**イ**「主観的」です。**ア**「流動的」は〈不安定で変化しやすい〉、**ウ**「本能的」は〈生まれながらに持っている性質《せいしつ》にしたがう〉、**エ**「現実的」は〈理想に走らず目の前にあることから判断《はんだん》する〉といった意味になります。

3 ――②直後の同僚のセリフのあとで、筆者は、話をしているうちに原稿の組み立てができるが、そのときに「相手の顔つき」を大事に「読」むのだと述べています。これは「ミニマムな市場調査」であり、「まず人に話してみる」ことが「役立つ」のです。よって**ア**が正解です。

イの「ちがう切り口の原稿を書きたい」は、問題文中では述べられていません。**ウ**は、自分の話がつまらなければ、「コーヒー一杯ぐらいでしんぼうしてくれ」ない、という表現はありますが、記事の内容がコーヒー一杯の価値があるといっているわけではありません。また、本文に「有能なジャーナリストは、みな話好き」「話好きが高じて、つい議論になる」とは書かれていますが、筆者は**エ**のような信念に基《もと》づいて、取材内容を同僚に話しているわけではありません。

4 ――③「ひとりよがり」を、直後で「自分だけがおもしろがっていれば、相手は逆にしらけてしまう」と言いかえています。

5 **ア**議論の中身が次の記事に織りこまれていることが、冒頭の二つの段落で述べられています。↓○。**イ**記事に書くことを話すのは、「ミニマムな市場調査」のためでしたね。↓×。**ウ**記事の発行のすばやさについては、述べられていません。↓×。**エ** **3**でも考えましたが、取材した内容を筆者が人にしゃべる理由として説明したことと合います。↓○。

答え

1 まず自分が、相手がおもしろがるような話題を提供することができる人。

2 **イ**

3 **ア**

4 自分だけがおもしろがって（いること。）

5 **ア・エ**

練習しよう

答え

1 編集　2 賛成　3 輸出　4 功績

5 講演会　6 感謝　7 規則　8 職業

9 意識　10 保護　11 確かめる　12 燃やす

30 漢字の部首・成り立ち・筆順①

考え方

1 部首さくいんでは、部首をのぞいた部分の画数が少ない順にならんでいます。③**ア**「幺」の部分は三画で書きます。

4 ①**ア・ウ**の部首は「くさかんむり（艹）」です。②**イ・ウ**の部首は「さんずい（氵）」です。③**ア・イ**の部首は「りっとう（刂）」です。④**ア・ウ**の部首は「がんだれ（厂）」です。⑤**ア・ウ**の部首は「ぎょうにんべん（彳）」です。⑥**ア・イ**の部首は「ひ（日）」です。

答え

1 ①**ウ** ②**エ** ③**ア**

2 ①**ア・カ** ②**イ・ク** ③**ウ・オ** ④**エ・キ**（順不同）

3 ①貝・かい ②攵・のぶん・ぼくにょう・ぼくづくり ③忄・りっしんべん ④阝・こざとへん ⑤辶・しんにょう・しんにゅう ⑥刂・りっとう ⑦宀・うかんむり

4 ①**イ**・ゆう・ゆうべ・た ②**ア**・くさかんむり ③**ウ**・にんべん ④**イ**・つち ⑤**イ**・ぎょうがまえ・ゆきがまえ ⑥**ウ**・しろ

31 漢字の部首・成り立ち・筆順②

考え方

1 ①「飠」の形に注意しましょう。「食」ではありません。

2 全て五年生で学習する漢字です。一画一画数えながらゆっくり書いて確かめるといいですね。

5 ①**ア・イ・エ**は物の形をかたどった象形文字、**ウ**は「糸」が意味を表し、「氏」が音を表す形声文字です。②**ア・ウ・エ**は形声文字、**イ**は形のない物事を点や線などで表した指事文字です。

7 ①の「混」は、訓読みが二つある漢字です。

答え

1 ①飼・十三 ②衛・十六

2 ①**ア→イ→エ→ウ** ②**エ→ウ→ア→イ**

3 ①二 ②五 ③九 ④九 ⑤五 ⑥六

4 ①**ア** ②**ア**

5 ①**ウ**・形声 ②**イ**・指事

6 ①**ア** ②**イ** ③**イ** ④**ア**

7 ①**ア**混じる **イ**混む ②**ア**確信 **イ**確かめる

8 ・営なむ→営む ・久ぶり→久しぶり（順不同）

32 伝統的な作品を読み取る

考え方

1 ――①の「対立」は、ここまでの内容から「ケンカ」のことだとわかるので、次に、「ケンカ」が起こる「同じ土俵《どひょう》」とは何かを考えましょう。――①のあとで「あまさとからさとは対立できるが、暗さと速さとは対立しようがない」と述《の》べられています。「あまさ・からさ」、「暗さ・速さ」の組み合わせでは、前者は両方が同じ「味」のことですが、後者は観点の異なる言葉です。つまり、「ケンカ」になるためには同じ「観点」でなければ比《くら》べようがないのです。ここから、**イ**「大切に感じていることの観点が重なっている」こととつかめます。

2 **1**で考えたこととつながります。「損得」の対立がどんな時に生じるか考えましょう。「お金？　べつに興味ないよ」という人間とは対立が生じないのですから、この逆で、おたがいがお金に「興味」がある場合に対立が生まれるのです。これにあうのは**エ**です。

3 ❶――②は、これまでの流れから、筆者が読者にすすめている考え方であるとわかります。ここまでの段落《だんらく》では「自分とことなった考えのやつとつきあ」う、「自分と異質の発想とつきあってみる」「別の角度から見ることの可能性を知る」、などと言いかえられていますが、これと同じ内容を述べている部分をさがすと、同じ段落の中に「『異端』……つきあってみるとよい」「他流試合をしてみる」がありますので、指定字数に合う後者を答えとしましょう。

❷ではなぜ「自分とまったく異質な人間とぶつかってみる」ことが必要だと筆者は考えているのでしょうか。これによってどんなよいことがあるのか考えましょう。――②の直後に「ようやく身にしみついた発想を変えることができる」とありますね。あとは前の段落の「ものの見方のはばがひろがる」などを利用して、わかりやすく説明するとよいでしょう。

4 まず17〜19行目に着目しましょう。「金谷本」による「あやまった考え（異端）を学べば学ぶほど……」「聖人の道とちがったこと（異端）を研究するのは……」という解釈《かいしゃく》をふまえれば、「攻むる」は「学ぶ」「研究する」こととわかるでしょう。ここから**ア**が選べますね。次に筆者の解釈である「自分とことなった考えのやつとつきあわないと進歩しないぞ」が、最終段落の「『異端』のように見えても、みだりにきょひしたり、やみくもにこうげきしたりせず、つきあってみるとよい（こうげきするのは害だ）」にあたることから、「攻むる」の解釈が「きょひ・こうげき」とわかります。よって**エ**も選びましょう。

答え

1 **イ**　**2** **エ**

3 ❶他流試合
❷身にしみついた発想を変えることができ、ものの見方のはばをひろげることができるようになる。

4 **ア・エ**

33 話し合いを読み取る

考え方

1 どちらか一方の新聞を持っていけばいいのではないか、というなつこさんに、あかねさんが答えている部分に着目しましょう。まず、新聞はそれぞれ一面の内容がちがう、ということが前提《ぜんてい》です。それに対するあかねさんの考えは、それを見ると「その新聞が世の中の動きで、どんなことを重視しているかがわかっておもしろい」と説明されていますから、これらの二点をまとめて解答としましょう。

2 二人は最初に「一面」を見ると「その新聞が世の中の動きで、どんなことを重視しているか」がわかると話していました。この話に関連して、今度はなつこさんが「社説を読むと、その新聞社に特有のものの考え方がわかるって聞いたことがある」と言っていますね。

3 立場がちがうと事実の見え方もちがう、ということがどういうことかを考えます。具体的には「Cというできごとについて、A紙は賛成、B紙は反対」と説明されていますから、書く人（新聞）によってちがった見方や判断をしているというアが適切《てきせつ》です。イは、――②は書く立場である「社説」や「論説委員」のことについて話している部分ですから、「読む人によって受け取り方がちがう」という説明はあてはまりません。ウ・エは、どこを「省」くかということや「配置」も、書く人によって異なるものであり、それによって考え方のちがいも明確になりますが、これらだけを取り上げるのはいずれも限定的《げんていてき》です。

4 ――③が直接指し示しているのは、これより前の「ある人の目を通して発信された情報にたよって判断するしかない。新聞では字数の都合で内容を省くこともあるし、できごとの背景をすべて説明することはむずかしい」ということです。このことは、新聞に書かれていることだけではすべてはわからないし、その背景も十分伝わらず、さらには書いた人の判断もそこにふくまれてしまう、ということですから、ウ「情報とは不完全なものである」ということとわかります。ア・エは新聞を読むうえでの心がまえとしては正しいのですが、これだけでは新聞が「そういうもの」であるということの説明としては不十分です。イは「あえて明確にしない」が言いすぎです。

5 新聞の内容は書く人によって異なるものであるし、不完全でもあるということを理解した二人は、「二紙を比べてみるというのは、自分でものを考える練習になる」「世の中のことは、いろいろな方面から情報を集めたうえで、最後は自分で考えるようにしなきゃ」と言っています。後者をまとめるとよいでしょう。

答え

1 一面に何がのっているかを比べると、その新聞が世の中のどんなできごとを重視しているかがわかっておもしろいから。

2 社説 **3** ア **4** ウ

5 いろいろな方面から情報を集めたうえで、最後は自分で考えるようにするということ。（39字）

34 外来語・重要語句

考え方

1 外来語はふつうカタカナで書きますが、カタカナで書かれたものが全て外来語というわけではないことに注意しましょう。

2 ❸「ユニフォーム」と表記することもありますが、五文字の解答《かいとう》らんにあわせると「ユニホーム」となります。

4 ❶「みくびる」は、能力《のうりょく》や程度《ていど》がたいしたことはないとあまくみること。❷「うだる」は、暑さのために体がぐったりすること。❸「あながち」は、「必ずしも」という意味です。

7 ここで使われている言葉は、中国の昔のできごとや物語からできた「故事成語」です。①「断腸《だんちょう》の思い」は、「はらわたがちぎれるほどつらい思い」という意味です。

答え

1 ア・キ・ク（順不同）

2 ❶ライバル　❷テスト　❸ユニホーム　❹コピー　❺プラン

3 ❶ウ　❷エ　❸イ　❹ア

4 ❶みくびって　❷うだる　❸あながち

5 ❶カ　❷キ　❸イ　❹ア

6 【例】私は、あらゆる可能性を考えて行動する。

7 ①エ　②カ　③オ　④キ　⑤イ　⑥ウ　⑦ア

35 敬語

考え方

1 ❶「おっしゃる」は「言う」の尊敬語です。❷ふつうの言葉の上に「お」をつけたていねい語です。❸「お〜する」という形のけんじょう語です。

2 ❶「お〜する」という形のけんじょう語にします。❷文末に「ます」をつけたていねい語にします。

3 「ポイント」の「それ自体が尊敬・けんそんの意味を表す言葉」の表も参考にしましょう。

❶「食べる・飲む」の尊敬語「めしあがる」を用いて、「めしあがって」に直します。❷先生の動作なので、尊敬語を用いた「いらっしゃる」に直します。❸身内の動作に対しては、けんじょう語を用います。

4 ①先生の動作に対して敬意を表す「くださった」という尊敬語に直します。③身内である兄の動作に尊敬語を用いるのはまちがいです。「申して」というけんじょう語に直しましょう。

答え

1 ❶ア・言う　❷ウ・名前　❸イ・持つ

2 ❶おとどけする　❷着きます

3 ❶めしあがって　❷いらっしゃる　❸差し上げる

4 ①・くださった　③・申して

36 文章を読んで意見をまとめる

考え方

1 テロについて書かれた――①をふくむ段落《だんらく》には、「テロリストも『これが正しい道なんだ』とマジメに考え、思いつめて行動しています」とあり、戦争について書かれた――②をふくむ段落には、「アメリカの軍人や政治家は、マジメに考えて原ばくを落としました」とあります。「マジメに考えて」という点が共通していますね。設問《せつもん》の文は、「だれが」「何が」にあたる部分が空欄《くうらん》になっています。8行目の「マジメな人たち」を書きぬけば、意味が通じますね。

2 直後の一文に「だって、それ（ゲームのように楽しみながら原ばくを落とすこと）はどう考えたってまちがっているとわかるから」と、理由が述《の》べられています。これを説明したのが**イ**です。「どう考えたってまちがっているとわかること」であれば、全面的に非難《ひなん》することができますが、マジメに考えて行われたことは、すべての人が非難するわけではありません。

3 ――④の直後を確認《かくにん》しましょう。

> マジメであるためには、他人に決められたルールにしたがってわき目もふらずにコツコツやっていればいいから。機械のようにただ動いていればいい。

4 （ A ）の前後を確認してみましょう。

この二文を五十字以内でまとめます。

> できるだけフマジメになることが平和につながります。「（ A ）！」なんて思いつめず、「この道もいいけど、あの道もいいな。いやあっちの道のほうが楽しいかも」とあれこれ迷い、そのうちめんどうくさくなって昼寝しちゃうぐらいでいいんです。

前後には、フマジメになることの大切さが説かれています。よって、「……なんて思いつめず」が続いている（ A ）には、マジメな人が考えがちなことが入るとわかります。また、そのあとに続くフマジメな人の考え方の例として、「この道もいいけど、あの道もいいな」と、進むべき道をあれこれ迷う様子がえがかれています。このことから（ A ）には、マジメな人が「進むべき道」について考えがちなことが入ると予想できますね。よって、11行目の「この道しかない」が正解《せいかい》です。16行目の「これが正しい道（なんだ）」は、「思いつめる」という意味が弱いので、最適《さいてき》とはいえません。

5 「右にふらふら歩いたかと思うと、左にふらふらと進む」千鳥足は、**4**で見たフマジメな人の考え方、「この道もいいけど、あの道もいいな」と重なりますね。つまり、「よっぱらいの千鳥足」は、フマジメな人の生き方をたとえているのです。「電信柱にぶつかりそうでぶつからない」のも「転んでも意外とケガが軽かったり」するのも、フマジメな人の人生に重なります。意外と「電信柱」のようなつらいことにぶつからないし、転んで失敗しても「ケガ」、つまりダメージが少ないのですね。

ア・イは、主語が「マジメな人」になっているのでちがいます。**エ**は、フマジメな人が「マジメな人間として生まれ変わる様子」をたとえているわけではありません。

6 ──⑥をふくむ段落には、「自分で感じて考えてそのつど判断しなきゃいけない」「かしこくならなきゃいけない」「そのためには努力が必要」「マジメからのゆうわくを断ち切らないと」と、フマジメであり続けるためになすべきことがたくさん書かれています。答えはこれらをうまく一文にまとめましょう。

7 マジメな人が「この道しかない！」と思いつめるのに対し、フマジメな人は「この道もいいけど、あの道もいいな」と考えるから、平和になるのですね。答えの一つは**ウ**です。また、マジメな人が他人に決められたルールに機械のようにしたがうのに対し、フマジメな人は自分で感じて考えてそのつど判断します。この態度《たいど》も平和につながるので、もう一つの答えは**エ**です。

答え

1 マジメな人たち

2 **イ**

3 他人に決められたルールにしたがって、機械のようにわき目もふらずにコツコツやっていればいいから。（47字）

4 この道しかない

5 **ウ**

6 マジメからのゆうわくを断ち切り、自分で感じて考えてそのつど判断するかしこさを身につけるための努力が必要な点。

7 **ウ・エ**

表現の考え方

筆者の考えに賛同《さんどう》して、「フマジメ」のよさを中心にまとめてもよいですし、「やはりフマジメはよくない」と自分の考えを主張してもかまいません。どちらの場合も、具体例や自分の経験《けいけん》をもりこむと、わかりやすく説得力《せっとくりょく》のある文章になります。

表現の答え【例】

書く前の準備

省略《しょうりゃく》「例1・2」参照

書いてみよう

例1：「フマジメ」はよくないと考えていましたが、問題文を読んで考えが変わりました。「マジメ」というのは、親や先生の言いつけを守るということで、実は自分の頭で考えていないことに気づきました。言いつけを聞かず、自分の考えで行動すれば「フマジメ」とおこられるかもしれませんが、将来《しょうらい》、自分で考えて行動できるように、勇気をもって「フマジメ」に挑戦《ちょうせん》してみたいです。

例2：ぼくは「フマジメ」はよくないと思います。ぼくは将来、科学者になってノーベル賞《しょう》をとりたいと考えていますが、ノーベル賞をとった人たちはみな、何度失敗してもあきらめずにその道に挑戦し続けています。あちらこちらの道へ行く「フマジメ」な人には、歴史《れきし》に残る仕事はできないでしょう。「この道しかない！」と歯をくいしばってマジメにがんばり、ノーベル賞を目指したいです。

37 長い文章を読み取る ①

考え方

1 時がたつのが早く感じるという場合は、楽しい体験をしているときですね。筆者は何が楽しいのでしょうか。

冒頭《ぼうとう》では「ドイツの街を歩いている」ときによく目にする「塔時計」の話題にふれています。特に古い街であるミュンヘンでは「こった塔時計が多」いため、それらを「さがし」て、歩くのが楽しいようです。

問題文には「答え」のように「夢中《むちゅう》になってしまうから」とは直接書かれていませんから、筆者が楽しんでいることが伝わるような、「楽しいから」「次々と見たくなるから」「あきないから」などの表現《ひょうげん》で答えてもかまいません。

2 機械時計が設置されているのに、わざわざ日時計をつけるのはなぜなのでしょうか。

筆者に「少々しつこい感じもする」という印象《いんしょう》をあたえるこのデザインについては、「日時計専門家の弁」（「弁」は「説明」といった意味）として、「当時の機械時計は信頼性に欠ける面もあったので、日時計の併設もやむを得なかった」（日時計を合わせて設置するしかなかった）と説明されています。

機械時計が止まったりおくれたりしてしまったときに備《そな》えて、自然の摂理《せつり》を利用した日時計も合わせて利用されていたのですね。

3 ①「質実」とは、〈華美《かび》にしたり飾ったりしないまじめな態《たい》度《ど》〉のこと。「剛健」は〈心身ともにたくましく丈夫《じょうぶ》な様子〉を意味しています。「質実剛健」という四字熟語で使われることが多い言葉です。これは選択肢《せんたくし》では**ウ**にあたります。

「質実剛健のお国柄（＝その国の気風）を反映して」「重厚感のある」時計が選ばれている、という文脈《ぶんみゃく》だけから判断《はんだん》しようとすると、選択肢の中で迷《まよ》ってしまいますね。言葉の意味は、できるだけたくさん知っておきたいものです。

②四字熟語の問題です。「朝三暮四」は、中国の宋《そう》の狙公《そこう》が、かっているサルにトチの実をあたえるのに、朝に三つ、暮れに四つあげようと言うとサルが少ないとおこったため、朝に四つ、暮れに三つあげると言うと、とても喜《よろこ》んだという故事《こじ》からきています。「傍若無人」は、漢文の書き下しにすると「傍《かたわ》らに人無《ひとな》きが若《ご》し」と読みます。近くにだれもいないかのように乱《らん》暴《ぼう》にふるまうという意味です。

4 ①ドイツ人の「時間について」の「思想」を答えます。「思想」は「人生や社会などについての考え」といった意味です。

筆者は「厳格なドイツ人の思想はいまだ健在だ」と述《の》べています。この「厳格」さ（＝まちがっていたりごまかしたりすることを許《ゆる》さない厳しい態度）がキーワードになります。ドイツ人は時間に「厳格」なのです。これを「漢字四字」で表しているのは「時間厳守」ですね。

②この「時間厳守」の思想が「ドイツ人のどのような考え方に基づいて」いるのかを考えます。これは、「時間厳守」のもとにある考え方を聞いているのであり、「なぜドイツ人は時間厳守が大切だと考えるのですか」ということになります。

終わりから二つ目の段落《だんらく》の最初に、「ドイツ人のすごさは、時間を守ることに身体を張っていることだ」とあります。その例として航空会社の姿勢が挙げられています。かれらはなぜここまで時間を守ることを大切にするのでしょうか。その理由は続く最後の段落で、「ゲルマン民族」（広い意味でのドイツ民族の先祖といわれている人々）が昔から時間にきびしい理由として、「時間を守れない者は、生活の中で自分をコントロールできていない」との考え方を挙げています。これが、太古の昔からドイツ人の生き方をつらぬく思想なのです。

5 「時」がだれにも公平である、ということの意味を考えます。これだけだとむずかしいので、例として挙げられていることに着目しましょう。

まず、送迎バスの例。予約した送迎バスは、「まだ五分前」という理由で筆者たちをホテルのロビーにおしもどしてしまいます。次は「会合」の例。これもおくれてくる人たちを待つことはなく、出席者が少なくても「予定時刻になったら始まるのがあたりまえ」です。

この、時間に対する厳格さは、送迎バスのように相手がお客様であっても全く変わりません。そう、相手がだれであっても、あるいは会合におくれている人にどんな理由があっても、「予定時刻」は決して変わらないのです。つまり、「時」は人間の都合や営《いとな》み、地位や立場に関係なく流れているもので、それを変更《へんこう》することはだれにもできないのです。したがって正解は**ア**です。

イは「時」がだれにも「公平」（＝平等）という説明に合いません。**ウ**は、時間に対する厳格さという点ではドイツ人の思想から外れるものではありませんが、やはり「公平」という点から考えると意味のせまい説明になっています。**エ**は「自己管理」を「要求」する、という説明が行きすぎです。問題文中で言われているのは、時間を守れない者は、自分をコントロールできない、という考え方であり、「時間」が要求しているのではありません。

答え

1 こった塔時計がたくさんあって、さがしながら歩いていると夢中になって時のたつのを忘れてしまうから。

2 当時の機械時計は信頼性に欠ける面もあった（から。）

3 ❶**ウ**
❷日進月歩**オ**　以心伝心**イ**　千載一遇**ア**
朝三暮四**エ**　傍若無人**ウ**

4 ❶時間厳守
❷時間を守れない者は、生活の中で自分をコントロールできていない（という考え方。）（30字）

5 **ア**

38 長い文章を読み取る ②

考え方

1 「わたしはへいのなかで過保護に育てられ、近隣の子ども集団からかくりされた」とあるとおり、この「へい」によって筆者は「過保護」に「かくり」されて育てられたのです。

このように、周りの環境《かんきょう》からはなして大切に育てていることは、父の言葉の「女の子は風が当たらないように温室に入れて育てるものです」という表現《ひょうげん》からもうかがえます。

2 「外」というのは「へい」「温室」の外、つまり、親元をはなれたということです。なぜ親からはなれて一人になったことが、自分にとってよかったと筆者は考えているのでしょうか。

「外」に出たきっかけは「このままこの家にいたらわたしはダメになる、と直感したから」でした。そして「外」に出た筆者は「そこから初めて、わたしの人生は始まったようなもの」「人並みの苦労をして、ようやくわたしは自分と社会とにめざめていった」と述《の》べています。「苦労」した結果、「社会にめざめる」ことができたから、自分の「人生」を生きることができるようになったのです。「社会にめざめた」とは、これまでの育てられ方から考えて、社会とのつながりができた、一人で生きていく力を身につけた、といったことになるでしょう。これは**ウ**の、「生家をはなれて苦労」→「社会と関わる知恵を身につけることができた」とあいます。

アは「母への不満」があったかどうかは明確ではありませんし、「自分と社会とにめざめた」につながりません。**イ**は筆者は、「自分で自分を育てなおした」と言っているので、「母が自分を育ててくれたやり方は正しかったのだと気づけた」はまちがいです。また、「自分と社会とにめざめ」たというのですから、「自由で無邪気な自分」にもどれた、という**エ**もあいません。

3 親元をはなれてやっと人生が始まったと述べる筆者ですから、おかげで立派に育ちました、という感謝ではなく、自分の力だけで「自分を育てなおした」ということを、なかばうらみごとのように母親になんとか伝えようとしたのでしょう。おかあさんのお世話にはならなかったわよ、ということです。けれども母親は、それは「わたしの育て方がよかった」からだ、と答えるのです。これに対して「勝てない」とは、あくまで自分が正しいという姿勢《しせい》をくずさない、母親の子どもに対する絶対的な自信にはかなわない、ということです。**ウ**が正解です。

母親とは言い争いしているわけではありませんから、**ア**の「言い負かされてしまう」はあいません。「勝てない」という表現には、くやしいという気持ちはありますが、きずついたということではありませんから**イ**もあいません。**エ**は、「支配し続けようとした」が言いすぎで、大事にされていたという問題文の様子にはあいません。

4 「あたまがあがらない」とは、〈同じような立場に立てない〉という意味の慣用句《かんようく》です。ここでは「そのひとにはお世話になったから、負い目を感じて対等にふるまえない」という意味で使われています。

5 ――④の前に「わたしは彼女を覚えていないが、彼女のほうはわたしを覚えている」とあります。筆者の覚えていない筆者の子ども時代のことをそのひとが覚えてくれていて、「わたしの記憶を修正してくれた」のですね。また、（　A　）のあとに、「わたしの子ども時代を覚えてくれている数少ないひとのひとりだ」とあることも手がかりにすると、「わたし―覚えていない」「そのひと―覚えている」という組み合わせになると確認できます。したがって正解は**エ**です。

6 最後から四つめの段落《だんらく》で、筆者は「子どものころの記憶」がどのようにできあがるのかについて述べています。それは「自分自身によってよりも、周囲が……という昔語りによって再構成されることが多い」ということで、つまり、自分の実際の経《けい》験《けん》がそのまま記憶に残るのではなく、周りがこうだったと本人に言い聞かせていくことで記憶は作り直されてしまう、というのです。「記憶の刷りこみ」とも表現されています。この、「自分の記憶より」「周囲の大人（親たち）の話で」「記憶は作られる」という三点をおさえられればいいでしょう。

具体的には、「とってもかわいい子ども」だった筆者が、母親から言われているうちに、いつのまにか自分を「かわいげのない子ども」だったと思いこんでしまったということですね。

7 「そのひとの記憶のなかにいる子ども時代のわたし」とは、「かわいい子ども」だった自分です。筆者はそのひとと話をするまでは自分のことを「かわいげのない子ども」だったと思いこんでいましたが、実は「かわいい子ども」だったと言ってもらえて、否定的《ひていてき》な自分の姿から肯定的な姿へと「記憶を修正」することができたのです。このときのほっとした気持ちやうれしさを「固まった記憶」が「ほろほろとほどけていく気分」と表現したのでしょう。この表現の優しさを味わってください。正解は**イ**ですね。

ア父への心づかいに対する感謝を伝えられた、という満足感やうれしさは「子ども時代のわたしに出会っ」たこととは結びつきません。

ウ「ほろほろとほどけて」という表現に「心強さ」はあいません。自分の子どものころのことを覚えていてくれる、ということではなく、「かわいい子どもだった」と記憶してくれていたことがうれしかったのです。

エ母がまちがっていたという確証を得た、ということと、「ほろほろとほどけていく気分」から感じられるあたたかな気持ちはあいません。

答え

1 温室
2 ウ
3 ウ
4 イ
5 エ
6 自分自身が覚えているというよりも、周囲の大人が話すことがさも体験のように刷りこまれることで作られる。（50字）
7 イ

39 長い文章を読み取る ③

考え方

1 睦美の質問《しつもん》に対する青山の返答に注目します。9行目で「選手としては、三流だった」と答えていますね。しかし青山の返答は、これだけでは終わらず、14〜17行目では、「楽しそうだったな、鈴木さんは。……楽しんでたよ。トランポリンを」と続けています。答えはこの二つの要素《ようそ》を簡潔《かんけつ》にまとめ、三十字以内におさめましょう。

2 「〜と思っているが、実際は〜から。」という形で書くよう指定されているので、まずは前半の「〜と思っているが」の部分、つまり、父や母が考えていたことを読み取りましょう。睦美の言葉に、このように書かれています。

> 母も言いました。あなたのために正業につく決心をしてくれたんだから、いい父親だったのよって。まるで、そう言えば、私が喜ぶだろうと思っているような口ぶりでした。

前半はこの部分を中心にまとめます。

後半は、父や母の予想とはことなる、実際の睦美の受け止め方を書けばよいですね。これも睦美の言葉からまとめます。

> 私のせいで、やめたなんて、そんなこと言われたら……私は——むすめはかなしいです。夢をあきらめさせてしまったってことですよ。

3 この部分をもとに後半の要素をまとめましょう。

「本心」という言葉は、42行目にも登場します。

> もっと続けたかったんです、きっと。本心では、絶対にやめたくなかったはずです。

「もっと続けたい」「やめたくない」という文中の言葉に、「何を」にあたる「トランポリンを」をおぎなって、十五字以内でまとめます。

4 表現上の効果に関する問題です。ここまで、物語は睦美と青山の会話を中心に進んでいましたが、ここで突然《とつぜん》、二人の選手がトランポリンの練習をしている情景がえがかれています。片《かた》方《ほう》の選手がバランスをくずし、演技が終わるまでの少しの時間、睦美と青山の言葉は書かれておらず、ここでは会話がとぎれているのですね。直前の睦美の言葉はたいへん長く、思いを一気にはき出すように話していますが、ここで少し「間《ま》」ができ、おたがいにだまって、心のうちで思いをめぐらせている様子が伝わってきます。答えは**イ**です。

アは、青山はこのあとも睦美との会話を続けており、選手の演技に夢中になって睦美をないがしろにしているわけではありません。**ウ**は、睦美の今後の人生については問題文で話題になっていません。**エ**は、二人の選手に青山と睦美の父の情熱が受けつがれていることを示《しめ》すような記述《きじゅつ》はありません。

5 **4**で見たように、睦美が思いを一気に話したあと、少し「間《ま》」ができます。そのあと青山が睦美に返した言葉が、「永遠に、競技を続けるわけにはいかないさ」というものだったのですね。それを受けた睦美の反応《はんのう》は、次のように書かれています。

> そんなことは、わかってる。睦美は……反論をむねの中にしまった。

スポーツ選手はいつかは引退《いんたい》するものです。「永遠に、競技を続けるわけにはいかない」というのはわかりきったことであり、睦美のむねの中には「反論」が生まれています。父に対する複雑《ふくざつ》な思いを青山に話したのに、わかりきったことしか言わない青山に、睦美は軽いいらだちを覚えているのですね。答えは**ウ**です。

アは、睦美は青山の言葉が本心かどうかは疑《うたが》っていません。**イ**は、「感心している」があいません。**エ**は、――④の言葉は「睦美が考えていたことと同じこと」ではありません。

6 ――⑤のあとで、睦美自身はなみだが止まらなくなった理由を「本物だからじゃないかと思うんです」と分析《ぶんせき》しています。「本物」というのは、――⑤の前を読むと、「ひたむきに努力する人がいて、真剣に支える人がいて」とあるように、トランポリン競技にかかわる人々のひたむきな姿勢《しせい》を指すのだと考えられます。よって、答えは**ウ**です。

7 睦美の父が言ったのは、――⑥のあとで青山が述《の》べているように、「よくわからないけど、好きなんだよ」という言葉ですね。一方の睦美も、青山に「どんな世界？　ここ（トランポリンの世界）は」と聞かれ、「好きです、ここが」と答えています。これらをもとに、「トランポリンが好き」という二人に共通する思いをまとめましょう。

8 **7**でも見たように、睦美は父と同じくトランポリンの世界に心をひかれています。そして、トランポリン協会に就職した睦美は、「たくさんの人に、この世界を知ってもらうのが、私の仕事だと思ってます。広報の仕事、がんばらなきゃって思ってます」と述べています。これらにあうのは**ア**です。

イは、睦美はトランポリンの「コーチ」になったわけではありません。**ウ**は、「トランポリンの世界をにくみながら」という部分がちがいます。**エ**は、睦美が「夢をすててトランポリン協会に就職」したとはえがかれていません。

答え

1 選手としての実力は三流だが、トランポリンを楽しんでいた選手。（30字）

2 むすめのために正業につく決心をしたと言えばむすめが喜ぶ（と思っているが、実際は）むすめは自分のせいで夢をあきらめさせてしまったことをかなしく思っている（から。）

3 トランポリンをやめたくない（と思っていた。）（13字）

4 イ

5 ウ

6 ウ

7 トランポリンが好きだということ。（16字）

8 ア

40 うでだめしをしよう

考え方

1 ① **A**「する」のけんじょう語は「いたす」、尊敬語《そんけいご》は「なさる」です。**B**注文するお客様を敬うため、尊敬語の「なさる」を使います。だれの動作に関する敬語であるのかを意識して、正しい言葉づかいをしましょう。

② 「そのものを囲んでいる近くの部分。周辺。周囲。取りまいていること。」という意味なので、「周り」と書きます。「回り」としないように注意しましょう。「回り」は、主に「回ること」という動作を表します。

③ 「申す」は「言う」のけんじょう語です。「先生」の動作について述《の》べていますので、けんじょう語ではなく尊敬語を使いましょう。「言う」の尊敬語は「おっしゃる」です。また、尊敬の意味を表す助動詞《じょどうし》「れる」を使って、「言われる」と表現《ひょうげん》することもできます。

④ **E**「使用」と**イ**「単独《たんどく》」は、似《に》た意味の漢字を組み合わせた熟語です。**F**「失礼」と**ウ**「挙手」は、「礼を失する」「手を挙げる」のように、「～を」「～に」という形で、下の漢字から上の漢字にかえって読むと意味が通じる熟語です。**ア**「人造」は、「人が造《つく》る」と読むことができ、上の漢字と下の漢字が主語と述語《じゅつご》の関係、**エ**「新品」は、「新しい品」で、上の漢字が下の漢字を修飾《しゅうしょく》（説明）する関係にある熟語です。

⑤ 「身につける」は、「知識《ちしき》や習慣《しゅうかん》、技術《ぎじゅつ》などを自分のものにする。習得《しゅうとく》する。」という意味の慣用句《かんようく》です。

2 「不言実行」は、あれこれ言わずに、だまってやるべきことを実行すること。「公明正大」は、やましいことがなく、公平で正しいこと。「八方美人」は、だれからも悪く思われないようにふるまうこと。「天下一品」は、世の中で比《くら》べるものがないほど、すぐれていること。これらの四字熟語に使われている、「行」「正」「方」「品」の四字をならべかえてできる四字熟語は「品行方正」で、行いがきちんとしていて正しいという意味です。

3 ① 形容動詞は、物事の様子や性質《せいしつ》を表す言葉で、言い切りの形は「だ」で終わります。「豊かな」の言い切りの形は「豊かだ」ですね。「自然に」は、ここでは名詞「自然」＋助詞「に」であることに注意しましょう。また、「小さな」は「小さだ」とは言いませんから、形容動詞ではありません。

② 助動詞の「ない」は、打ち消しの意味である「ぬ」に置きかえることができます。「ない」の部分に「ぬ」を入れると、**B**「一度もぬが」、**C**「見なれぬ景色」、**F**「あるはずがぬが」となり、「見なれぬ景色」と置きかえられる**C**が助動詞の「ない」です。**B**・**F**の「ない」は形容詞です。

③ 「流れていく」ものは「何」であるかをとらえましょう。この文の主語は「景色が」、述語は「流れていく」であり、「何が―どうする」という型《かた》の主語・述語の関係になっています。また、この文は、主語と述語が一組みだけである「単文《たんぶん》」にあたります。主語・述語をおさえて、文の構造《こうぞう》をつかみましょう。

④ **E**と**イ**は、断定《だんてい》の助動詞「だ」です。**E**「小川」と**イ**「喜び」は名詞であり、その名詞に断定の助動詞をつけることで「小川

だ」「喜びだ」と言い切っています。**ア**は、形容動詞「的確だ」の一部です。**ウ**は、推定《すいてい》の意味を表す助動詞「ようだ」の一部です。**エ**は、過去《かこ》の意味を表す助動詞の「た（だ）」です。

⑤対義語とは、意味が反対、または対になる言葉のことです。「不安」について、類義語（意味が似《に》ている言葉）は「心配」であることもあわせて覚えておきましょう。

⑥直前に「これこそ」とあることに着目し、それまでの内容をとらえましょう。バスに乗りまちがえるという失敗が、素敵《すてき》な場所を発見できたという喜ばしい結果につながっています。この内容にあうことわざは、**イ**「けがの功名」で「失敗したと思われたことや何気なしにやったことが、意外にもよい結果を生むこと。」です。**ア**「後かい先に立たず」は、「一度してしまったことは、あとでくやんでも取り返しがつかない。」という意味です。**ウ**「おぼれる者はわらをもつかむ」は、「とても困《こま》っているときには、たよりにならないものにでもたよろうとする。」、**エ**「石の上にも三年」は、「がまん強くしんぼうすれば、いつかは必ず成功する。」という意味です。

「うでだめし」はどうだったかな。むずかしい問題が多かったね。まちがえたところがあってもだいじょうぶ。きちんと復習《ふくしゅう》して理解《りかい》することで、国語の力はどんどんのびるよ。

答え

1
① **A**する　**B**なさいますか
② 周り
③ おっしゃった（言われた）
④ **E イ**　**F ウ**
⑤ **エ**

2 品行方正

3
① 豊かだ
② **C**
③ 景色が
④ **イ**
⑤ 安心
⑥ **イ**

Z-KAI